少游故里话少游

东南淮海惟扬州，国士无双秦少游。

刘勇刚 著

广陵书社

图书在版编目（ＣＩＰ）数据

少游故里话少游 / 刘勇刚著. -- 扬州 ：广陵书社，
2023.7
ISBN 978-7-5554-2020-0

Ⅰ．①少… Ⅱ．①刘… Ⅲ．①秦观（1049-1100）—
人物研究 Ⅳ．①K825.6

中国国家版本馆CIP数据核字(2023)第030692号

书　　名	少游故里话少游
著　　者	刘勇刚
责任编辑	胡　珍
出 版 人	曾学文
出版发行	广陵书社
	扬州市四望亭路 2-4 号　　　　邮编　225001
	(0514) 85228081（总编办）　　85228088（发行部）
	http：//www.yzglpub.com　　E-mail：yzglss@163.com
印　　刷	江苏凤凰扬州鑫华印刷有限公司
开　　本	889 毫米 ×1194 毫米 1/32
印　　张	10.5
字　　数	210 千字
版　　次	2023 年 7 月第 1 版
印　　次	2023 年 7 月第 1 次印刷
标准书号	ISBN 978-7-5554-2020-0
定　　价	68.00 元

秦少游像（选自南薰殿藏《历代圣贤名人像》）

高邮文游台秦少游塑像

高邮文游台牌坊

高邮文游台碑廊，董其昌手书秦少游《满庭芳》

郴州苏仙岭三绝碑

无锡惠山秦少游墓

广西融水元祐党籍碑

秦少游故里获批"中国七夕文化之乡"

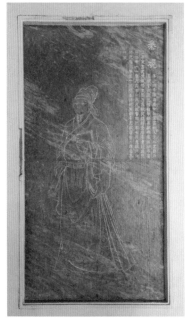

雷州十贤祠秦少游像

日本内阁文库藏南宋乾道九年
高邮军学刻本《淮海闲居集》

目　录

第三编

婉约词宗秦少游

第五编

前言：一流才子，无双国士

　　秦观（1049—1100），初字太虚，后改字少游，别号淮海居士、邗沟处士，民间亲切地叫他秦少游。正因为"少游"的名气更大，更亲切，本书采用"少游"的称呼。

　　秦少游是高邮三垛人，系北宋中后期著名文学家、政论家，"苏门四学士"之一，他的《淮海集》《淮海居士长短句》，在中国文学史上占据着重要的地位。秦少游是江淮区域重要的文化名片。秦少游是立体的、多面的，他是名士、才子，更是国士；他是词人、诗人，又是文章家；他的文采风流与经世之学相得益彰。他是苏门派文人，最得苏东坡的知赏，但他的才情又独树一帜，非苏门所能拘囿。诚如清人陈廷焯《白雨斋词话》卷八所云："少游则义蕴言中，韵流弦外，得其貌者，如鼷鼠之饮河，以为果腹矣，而不知沧海之外，更有河源也。"秦少游的真面目委实如"沧海之外，更有河源"，值得我们用心探索。

　　秦少游是名士，鄙弃礼法，放浪形骸。民间传说中的秦少游是一个冶游狎昵的情种，留恋欢场，征歌逐舞，深得多位美女的爱慕，演绎了不少动人的艳情故事。如《御街行》：

银烛生花如红豆。这好事、而今有。夜阑人静曲屏深，借宝瑟、轻轻招手。可怜一阵白蘋风，故灭烛，教相就。　　花带雨、冰肌香透。恨啼鸟、辘轳声，晓岸柳，微风吹残酒。断肠时、至今依旧。镜中消瘦。那人知后，怕你来僝僽。

这首词是有本事的。据宋人杨湜《古今词话》记载："秦少游在扬州刘太尉家，出姬侑觞。中有一姝，善擘箜篌。此乐既古，近时罕有其传，以为绝艺。姝又倾慕少游之才名，偏属意。少游借箜篌观之。既而主人入宅更衣，适值狂风灭烛，姝来且亲，有仓促之欢，且云：'今日为学士瘦了一半。'少游因作《御街行》以道一时之景。"这是少游青年时期的作品，他并不隐讳自己的孟浪，直书那一晚的"仓促之欢，一时之景"，此种艳情正如"银烛生花"，虽然像红豆一样的美，但何曾有绽放的机会呢？风一吹就灭了，注定是无言的结局。

扬州是少游曲子词的发祥地。在这样一个"淮左名都"，莺花薮泽，少游一如晚唐的杜牧，尽情演绎了他的浪漫和才情。《满庭芳》铺写了他在扬州的情事：

晓色云开，春随人意，骤雨才过还晴。古台芳榭，飞燕蹴红英。舞困榆钱自落，秋千外、绿水桥平。东风里，朱门

映柳,低按小秦筝。　　　多情。行乐处,珠钿翠盖,玉辔红
缨。渐酒空金榼,花困蓬瀛。豆蔻梢头旧恨,十年梦、屈指
堪惊。凭阑久,疏烟淡日,寂寞下芜城。

扬州的一切似乎都那么"春随人意",画面是那么和谐优
美,骨子里却掩饰不住那一份无奈的伤痛。"酒空金榼,花困
蓬瀛",分明有着唐人"侯门一入深如海,从此萧郎是路人"的
慨叹。

少游还自创慢词新声《梦扬州》,可见扬州在他心目中确
实是非同一般的城市,留着他点点的雪泥鸿爪。《梦扬州》词云:

晚云收。正柳塘、烟雨初休。燕子未归,恻恻轻寒如
秋。小阑外、东风软,透绣帷、花蜜香稠。江南远,人何处?
鹧鸪啼破春愁。　　　长记曾陪燕游。酬妙舞清歌,丽锦缠
头。殢酒为花,十载因谁淹留?醉鞭拂面归来晚,望翠楼、
帘卷金钩。佳会阻,离情正乱,频梦扬州。

少游随手点化杜牧的诗句,意中即以杜郎自比。"豆蔻梢
头旧恨,十年梦、屈指堪惊。""酬妙舞清歌,丽锦缠头。殢酒为
花,十载因谁淹留?"何谓"缠头"?古代歌舞艺伎把锦帛缠在
头上作为装饰叫"缠头",又指表演结束,客人赠送给艺伎的锦
帛或财物。杜甫《即事》:"笑时花近眼,舞罢锦缠头。"白居易《琵
琶行》:"五陵年少争缠头,一曲红绡不知数。"秦少游对扬州情

事的抒写,堪称北宋版的"十年一觉扬州梦",是他冶游生活的写照。

秦少游的情场故事还真不少呢,如苏小妹三难秦学士,蔡州歌妓娄琬(东玉)、陶心儿与秦少游的恋情,汴京贵官宠姬碧桃对少游的一见钟情,长沙义倡与少游的生死绝恋等,其中虽有小说家言戏说的成分,却也不全是凭空杜撰。少游词中就暗藏了美人芳名,"玉佩丁冬别后"说的是娄琬,"一钩残月带三星"暗指陶心儿。秦少游以"兰台公子"(宋玉)自比。他也确实是公认的才子,以生命的感伤和激情,发而为哀感顽艳的歌曲,风靡词坛,历久不衰。有的还被谱写成现代流行歌曲,传唱于歌坛,如一代歌手邓丽君演唱的《清夜悠悠》就是秦少游的《桃源忆故人》。词云:

> 玉楼深锁薄情种,清夜悠悠谁共。羞见枕衾鸳凤,闷即和衣拥。　　无端画角严城动,惊破一番新梦。窗外月华霜重,听彻梅花弄。

宋代歌女演唱《桃源忆故人》的歌法即工尺谱已经失传了,但邓丽君流行歌曲的深情演唱却动人心魄,再现了一代婉约词宗的柔情。

清人王敬之《读秦太虚淮海集》诗云:"应举贤良对策年,儒生壮节早筹边。可怜馀技成真赏,山抹微云万口传。"笔者读《淮海集》也写有一首小诗:"秦郎国士本无双,岂是靡靡小石腔？策论忧心关大计，危楼独倚望长江。"秦少游并不只是一个以艳歌传播四方的风流词人，他的器识、学术与文艺兼具，更是一位国士。他的同门友黄庭坚在《送少章从翰林苏公余杭》诗中声称："东南淮海惟扬州，国士无双秦少游。欲攀天关守九虎，但有笔力回万牛。"黄庭坚不称少游为名士、才子，而独标国士，这是值得注意的。他对少游"笔力回万牛"的高评绝对不是指他风靡于世的婉约词，而是别有所指。

所谓真名士，自风流。何为名士？刘义庆《世说新语·任诞篇》记王孝伯言："名士不必须奇才，但使常得无事，痛饮酒，熟读《离骚》，便可称名士。"可见名士贵在率性，狂放。秦少游足称真名士，鄙弃礼法，谑浪笑傲。至于才子，少游负一代才名，那就更不用说了。但称少游为国士却是有讲究的。何为国士？具有强烈的忧患意识，并有出众的经世之才，这样的人才配称国士。很显然，国士的门槛要比名士、才子高很多。进而论之，黄庭坚诗中"国士无双"是有来处的。司马迁《史记·淮阴侯列传》云："诸将易得耳。至如(韩)信者，国士无双。"很显然，黄庭坚这里是把秦少游比作"汉初三杰"之一的韩信，这个评价虽有溢美之处，但绝非浪诩。秦少游深谙兵法，有杜牧之风。早年即写有《郭子仪单骑见虏赋》，向往唐朝一代元戎郭子仪"匹马雄驱"，兵不血刃，不战而屈回纥之兵以解大唐危机的壮举，壮年时期写了一系列用兵的策论《将帅》《奇兵》《辩士》《谋主》《兵法》《边防》等。这些策论也就是黄庭坚称誉的"笔力回万牛"。事实上，黄庭坚对秦少游的策论有高度的评价,有诗为证:"少游五十策,其言明且清。笔墨深关键,开阖见日星。"(《晚泊长沙示秦处度、范元实,用寄明略和父韵五首》其五)

秦少游虽为卑微的"淮海小臣",却自我期许甚高:"士,国之重器,社稷安危之所系,四海治乱之所属也。"(《袁绍论》)他的理想是做一个器识与学术兼具的"真儒",像西汉贾谊、唐人陆贽那样直道而行,蔑视不作为、不担当、远危机、保禄命的庸臣。

正因为秦少游有国士之风,所以黄庭坚对秦少游"国士无双"的评价,后世不断有回响。陆游《题陈伯予主簿所藏秦少游像》:"晚生常恨不从公,忽拜英姿绘画中。妄欲步趋端有意,我名公字正相同。"陆游的名"游"出于少游,字"务观"的"观"字又与秦观相同。这不是偶然的巧合,而是有意的"步趋"。"拜英姿"云云意中有一"国士"在。杨万里《过高邮》写道:"一州斗大君休笑,国士秦郎此故乡。"芮国器《题莺花亭》:"淮海秦郎天下士,一生怀抱百忧中。"元代诗人王恽《高邮道中二首》其二怀念少游:"此邦多秀彦,国士说秦郎。"迨至清代,大诗人王士禛再次奏响"国士无双"的礼赞:"国士无双秦少游,堂堂坡老醉黄州。高台几废文章在,果是江河万古流。"(《秦邮杂诗八首》其二)高邮本土诗人,康熙诗坛"江左十五子"之一的李必恒也对乡贤秦少游献上了一瓣心香,他在《文游台》诗中写道:"淮海天下才,磊落负奇气。"

在苏门弟子中苏东坡对秦少游最为欣赏。元丰元年(1078)

冬，苏轼收到秦少游写的《黄楼赋》，赞不绝口，回赠诗云："夫子独何妙，雨雹散雷椎。雄辞杂今古，中有屈宋姿。"（《太虚以〈黄楼赋〉见寄，作诗为谢》）称他为"夫子"，把他看作屈宋一流的人才。元丰七年（1084），东坡在给王安石的推荐信中，褒奖少游"行义修饬，才敏过人，有志于忠义"，"博综史传，通晓佛书，讲习医药，明练法律，若此类，未易以一二数也。才难之叹，古今共之，如观等辈，实不易得"，可见在东坡的心中，当时的白衣秀士秦观就是一位杰出的人才！元丰七年十一月，少游以小像寄东坡索赞，东坡舟次扬州竹西，为他写了《真赞》：

> 以君为将仕也，其服野，其行方；以君为将隐也，其言文，其神昌。置而不求君不即，即而求之君不藏。以为将仕将隐者，皆不知君者也。盖将挈所有而乘所遇，以游于世，而卒反于其乡者乎？

东坡对这篇《真赞》颇为自得，在给少游的信中称此乃"传神奇妙之赞，苦思得之"。在少游所有的师友中，东坡是最懂他的人。少游可以仕，也可以隐，无可无不可，此中并无执念，但"挈所有而乘所遇，以游于世，而卒反于其乡"，这是少游最大的理想，即不负所学，为国为民，等到建功立业，然后功成身退，回归故里。可惜，少游既未能"挈所有而乘所遇"，又未能归返故乡。

元符三年（1100）的八月十二日（农历），少游政治上获得了新生，在北返的途中伤暑困卧，去世于藤州光华亭上，真个"醉卧古藤阴下，了不知南北"（《好事近》）。二十多天后噩耗传来，东坡非常悲痛，在《与欧阳元老》的信中写道："其死则的矣，哀哉痛哉，何复可言。当今文人第一流，岂可复得。此人在，必大用于世，不用，必有所论著以晓后人。前此所著，已足不朽，然未尽也。"又《答李端叔十首》其三云："少游遂死于道路，哀哉！痛哉！世岂复有斯人乎？"据南宋释惠洪《冷斋夜话》记载：东坡还把少游《踏莎行》的名句"郴江幸自绕郴山，为谁流下潇湘去"写在扇子上，说："少游已矣，虽万人何赎！"古人有"百身何赎"的说法，出自《诗经·秦风·黄鸟》"彼苍者天，歼我良人。如可赎兮，人百其身"，表达对死者的沉痛悼念。东坡写下"万人何赎"这一看似极度夸张的文字，绝不仅仅在于个人的私谊，更是痛惜国家人才的凋零。有道是天地生才不易，而少游未尽其才，就匆遽离去，岂不是国家的损失吗？

很长时间以来，秦少游一直被视为风花雪月的才子，有道是"山抹微云秦学士，露花倒影柳屯田"，好像除了泡泡美妞，写写艳歌，其他什么都不作为。这是对秦少游极大的误解！今天我们要为秦少游正名：

一流才子，无双国士！

第一编

少游家世与生平

乐道津津苏小妹，秦郎故事在民间。

半真半假谁人辨，听我班荆绿水湾。

——《少游故里即兴》

秦少游是秦邮故里的骄傲

　　高邮古称秦邮。高邮有"东方邮都"的美誉,乃国家级历史文化名城。早在先秦时期,秦王嬴政"筑高台,置邮亭",高邮之称出于此。全国两千多个县级市中,唯一以邮命名的城市就是高邮,因此追溯我国的邮驿邮政历史就不能不从高邮说起。

　　秦少游是高邮武宁乡左厢里人,也就是今天的三垛人。三垛镇是高邮三大古镇之一,位于高邮城东二十三公里,三阳河与北澄子河交汇的地方。三垛的历史可以追溯到南朝时期,曾是梁武宁郡王的封地。三垛原名三墩,南宋时期避光宗赵惇名讳,改称三垛,距今已有八百多年的历史。三垛的历史文化源远流长,最亮丽的名片则是北宋著名文学家、政论家——秦少游。

　　秦少游从五岁到三十七岁长达三十二年的时间大抵生活于高邮乡村,三垛烙下了他生命的印记。他在运河边的小城这个恬静的水乡过着悠游自在的生活,或闭门读书,或田野散步,或四方游历,或赴京应试。虽是江淮白衣秀士,却胸罗天下。他刻苦学习各种门类的知识,对文学、政治、哲学、历史、经济、军事、官制、人才、役法等都深造有得,他梦想着有一天能成为国家的栋梁之材,或主政一方,造福民众,或任职中央,为翰林学士、天子近臣,参预国家大事。

正像李商隐《有感》诗写的那样"古来才命两相妨",有才之人未必得到命运之神的眷顾。少游元丰元年、元丰五年两次参加进士考试,都名落孙山了。直到宋神宗元丰八年(1085),也就是少游三十七岁那年,他第三次参加科举考试,才中了进士,从此走上了仕途。在苏门四学士中,少游进士出道是最晚的。

因为元祐、绍圣时期新旧党争的酷烈,少游仕途并不顺利,未能实现自己的政治理想,但他留下的文字已经确立了他作为著名文学家、政论家的地位。在少游出生、成长、游历、仕宦和贬谪生涯中,他去过安徽、河南、山东、浙江、湖南、广西等地,在三十余座城市留下了雪泥鸿爪,但他最魂牵梦萦的是家乡那个美丽的村庄——三墩的武宁左厢里。哲宗元祐七年(1092)二月,少游在《送少章弟赴仁和主簿》的诗中写道:"终从大人议,税驾邗沟侧。追踪汉两疏,父子老阡陌。""税驾"意思是解驾、停车,引申为休息或归宿,典出《史记·李斯列传》"物极则衰,吾未知所税驾也"。"汉两疏"的故事则出自《汉书·疏广传》,指的是西汉的疏广、疏受叔侄,疏广官至太傅,疏受同时为少傅,叔侄不恋荣宠,在位五年,一起谢病免归,日与族人故旧欢娱。秦少游用"税驾"和"两疏"的典故,向弟弟含蓄地表达了他晚年回归故里,与兄弟妻子团聚的愿望。

少游人生的最后七年一直处在流放的状态。绍圣元年出了京,先是贬谪到处州,不到三年从处州编管郴州,再流放到横州,最后放逐到雷州半岛。"七年投炎荒,日与山鬼邻。妻孥各异土,相望同参辰。"(释道潜《哭少游学士》)投荒万死,少游格外怀念故乡。他在横州写的《宁浦书事六首》其三抒发了他对故土的刻骨思念:

南土四时尽热,愁人日夜俱长。
安得此身作石,一齐忘了家乡。

横州靠近岭南地界,天气炎热。人啊心情愁闷,白天黑夜都显得非常漫长。沉重的肉身化成石头该多好啊,无知无识无情,就能彻底忘却家乡了。少游渴望化身为石,对家乡的感情之深不啻桃花千尺。

少游《和渊明归去来辞》云:"依先茔而洒扫,从稚子而耘籽。"秦少游最终没有能魂归故里。他长眠在无锡惠山二茅峰下。如今无锡、常州一脉的淮海堂秦氏家族堪称苏南名门望族。江南秦氏的始祖就是少游公,如果要寻根,还得到高邮三垛。虽然在北宋中后期还没有"三垛"这个地名,但三垛这片土地是秦少游可爱的家乡!

秦少游的出生

秦少游出生于江西九江至南康的官船上。据元祐四年（1089）即少游四十一岁那年回忆说："皇祐元年，余先大父赴官南康，道出九江，余实生焉。"（《书王氏斋壁》）"赴官南康，道出九江"，当是水路，由运河入长江。皇祐是仁宗皇帝的年号，皇祐元年就是 1049 年。具体的月份则是腊月，有诗为证。哲宗元符元年（1098）十二月，也就是秦少游五十岁生日时在雷州写的一首诗《反初》有这么几句：

> 昔年淮海来，邂逅安期生。
>
> 谓我有灵骨，法当游太清。
>
> 区中缘未断，方外道难成。
>
> 一落世间网，五十换嘉平。

所谓"嘉平"就是腊月的别称。司马迁《史记·秦始皇本纪》："三十一年十二月，更名腊曰嘉平。"少游在文中多次提到的大父就是祖父承议公。据近年来出土的《宋故内殿崇班致仕秦公墓志铭并序》考订：祖父的大号叫秦咏，字正之，祖母朱氏。父亲名完，系秦咏的长子，人称元化公，母亲戚氏。

承议公得官赴任，路上又添了长孙，秦氏一家可谓双喜临门。才子的出生冥冥中总有一些神秘的祥瑞之象。就在这一年，高邮的甓社湖出现了宝珠。宋人笔记《梦溪笔谈》《邵氏闻见录》《文昌杂录》等都有记载，把高邮湖的神珠与乡贤孙觉蟾宫折桂联系在一起。且看邵伯温《闻见录》：

> 孙觉龙图未第时，家高邮，与士大夫讲学于郊外别墅。一夕晦夜，忽月光入窗隙。孙异之，与同舍望光所在。行二十里余，见大珠浮游湖面上，其光属天，旁照远近。有崔伯易者作《感珠赋》记之。

意思说孙觉没有中进士之前，在家乡高邮湖边读书，一个阴晦的晚上看见大珠浮游湖面上，光芒万丈，照得远近如同白昼。就在这一年，孙觉中了进士。清人茆泮林《宋孙莘老先生年谱》明确记载："皇祐元年己丑二十二岁登冯京榜进士第，为河南县主簿。……是岁甓社湖珠见。"古人一直相信天人感应的说法，甓湖珠见自然可视之为天降祥瑞。甓湖神珠这件事轰动了高邮，之后经过孙觉本人以及他的门生故吏不断绘声绘色地宣讲，又在官场士林广为传诵，神异的色彩逐渐加深，居然出现了多个版本。秦少游作为高邮后学，自然知道这个传闻，只是把宝珠出现的时间说成了白天。《送孙诚之尉北海》诗云：

吾乡如覆盂，地据扬楚脊。

环以万顷湖，黏天四无壁。

蜿蜒戏神珠，正昼飞霹雳。

草木无异姿，灵气殊郁积。

照秦少游看来，神珠乃天地灵气之所钟，它骤现湖上岂能没有预兆？这一年高邮两个未来杰出的文化人，一个中了进士，另一个降生了，更值得注意的是，后来孙觉还做了少游的老师。唯心一点说，高邮湖神珠的出现不独与孙觉有关，也似乎预示着一代才子秦少游的降生呢。难怪少游说"草木无异姿，灵气殊郁积"，又《反初》诗云"昔年淮海来，邂逅安期生。谓我有灵骨，法当游太清"，灵气灵骨集于一身，又邂逅仙人安期生，把臂神游太清，足见才子本色。

　　然而，秦少游毕竟出生于浩浩江流中的一条船上，冥冥中又决定了他此生漂泊的命运。他人生的最后七年一直处于迁谪的旅程，直到客死于广西的藤州。少游《好事近》词云："醉卧古藤阴下，了不知南北。"生既无法选择，死亦难以逆料，真个是无问东西，"了不知南北"。

秦少游的世系

　　说起秦少游的世系，要追溯到三国时期。少游《谢馆职启》云："窃观前史，具见鄙宗：西蜀中郎，孔明呼为学士；东海钓客，建封任以校书。"所谓"西蜀中郎"指的是秦宓，据《三国志·蜀书》记载，秦宓才识广博，善于应对，诸葛亮对他颇为礼遇，称之为学士。"东海钓客"则指唐代诗人秦系。嘉庆《重刊江宁府志》卷四十一《人物八·隐逸》云："唐秦系，字公绪，越州会稽人。天宝末，避乱客泉州，结庐九日山中，未尝至城门。其后东渡秣陵，隐居茅山，自号东海钓客。"《全唐诗》卷二六○还有更详细的介绍：

　　　　秦系，字公绪，会稽人。天宝末，避乱剡溪。北都留守薛兼训奏为右卫率府仓曹参军，不就。建中初，客泉州。南安有九日山，大松百余章，俗传东晋时所植。系结庐其上，穴石为研，注《老子》，弥年不出。张建封闻系不可致，请就加校书郎。自号东海钓客。与刘长卿善，以诗相赠答。权德舆曰："长卿自以为五言长城，系用偏师攻之。虽老益壮。"其后东渡秣陵，年八十余卒。南安人思之，号其山为高士峰。诗一卷。

"西蜀中郎"秦宓时空遥远，与少游扯不上什么实质性的关系。但"东海钓客"秦系则与秦氏世系有直接的关系。民国丙寅《锡山秦氏宗谱》卷首《嘉靖戊子谱序》："吾宗先望会稽，后徙淮海，中间世系显晦之详，屡经兵燹，莫可考据。其见于图者，由宋直龙图阁观始。""先望会稽"说的就是秦系。

　　秦系工于诗，有声于时，《全唐诗》存诗一卷。长于五七言近体，诗多写恬退幽居之乐，冲淡平和，真致不穷，颇有陶潜的风味。兹录四首：

晚秋拾遗朱放访山居

不逐时人后，终年独闭关。

家中贫自乐，石上卧长闲。

坠栗添新味，寒花带老颜。

侍臣当献纳，那得到空山。

山中枉张宙员外书期访衡门

常恨相知晚，朝来枉数行。

卧云惊圣代，拂石候仙郎。

时果连枝熟，春醪满瓮香。

贫家仍有趣，山色满湖光。

耶溪书怀寄刘长卿员外

时人多笑乐幽栖,晚起闲行独杖藜。

云色卷舒前后岭,药苗新旧两三畦。

偶逢野果将呼子,屡折荆钗亦为妻。

拟共钓竿长往复,严陵滩上胜耶溪。

题赠张道士山居

盘石垂萝即是家,回头犹看五枝花。

松间寂寂无烟火,应服朝来一片霞。

秦少游《谢馆职启》特地提到"东海钓客"这位"先望",表明他对秦系的诗颇有解会,难怪少游诗有闲适之趣,乃得力于秦氏先望。

从唐秦系到"宋直龙图阁"秦观,也就是高邮秦氏的世系。从秦系到秦少游世系传承具体情况如何呢?元祐七年(1092)少游有一首诗《送少章弟赴仁和主簿》写道:

我宗本江南,为将门列戟。中叶徙淮海,不仕但潜德。

先祖实起家,先君始缝掖。议郎为名士,余亦忝词客。

风流以及汝,三通桂堂籍。汝弱不好弄,文章有风格。

久从先生游,术业良未测。武林一都会,山水富南国。

下有贤别驾,上有明方伯。干将入砥砺,骐衰就衔勒。

勿矜孔鸾姿,不乐栖枳棘。吴中多高士,往往寄老释。

辩才虽物化，参寥犹夙昔。投闲数访之，可得三友益。
少来轻别离，老去重乖隔。念汝远行役，惘惘意不怿。
道山虽云佳，久寓有饥色。功名已绝意，政苦婚嫁迫。
终从大人议，税驾邗沟侧。追踪汉两疏，父子老阡陌。

这里的"江南"指的是南唐。有史料可考的，由南唐入宋的秦氏是秦羲。据《宋史·秦羲传》记载：

> 秦羲字致尧，江宁人。世仕江左。曾祖本，岳州刺史。祖进远，宁国军节度副使。父承裕，建州监军使、知州事。李煜之归朝也，承裕遣羲诣阙上符印，太祖召见，悦其趋对详谨，补殿直，令督广济漕船。太平兴国中，有南唐军校马光琏等亡命荆楚，结徒为盗。羲受诏，缚光琏以献，太宗壮之。

秦羲入宋，历仕太祖、太宗、真宗三朝，其曾祖秦本、祖秦进远、父秦承裕皆仕于南唐，为武将，位居方面，这就是少游所说的"为将门列戟"吧。但是从秦羲到少游祖父承议公秦咏的脉络则不可考。

秦氏一门三进士

秦少游《送少章弟赴仁和主簿》又写道："中叶徙淮海，不仕但潜德。先祖实起家，先君始缝掖。议郎为名士，余亦忝词客。"秦氏迁居江淮之后，有好多代没有做官。起家是从祖父承议公秦咏开始的，所谓"议郎为名士"，官阶并不高，但这是秦氏家族中兴的开端，"先君始缝掖"指父元化公秦完，仁宗至和年间曾游太学，拜在著名教育家胡瑗门下。"缝掖"指宽袖单衣，儒者之服。

少游的叔父秦定于神宗熙宁三年（1070）中进士，授会稽尉，官至端明殿学士。少游自己于元丰八年（1085）进士及第，三弟秦觌（字少章）则于哲宗元祐六年（1091）中进士，真所谓"三通桂堂籍"，一门三进士，这是引以为傲的事情。

秦定没有文集流传下来，是否能文不可知，但毕竟中了进士，也是秦氏家族的荣耀。少游的两个弟弟秦觏（字少仪）、秦觌则都是才子。少游《送少章弟赴仁和主簿》诗表扬少章："文章有风格"，"术业良未测"。又《寄少仪弟》诗云："梦里漫成池草句，愁来空诵棣华篇。卑飞暂尔无多恨，会有高风送上天。"

所谓"梦里漫成池草句",就是以南朝诗人谢灵运自比,而把少仪比作谢惠连。据谢灵运说:他写出"池塘生春草,园柳变鸣禽"的名句,是因为梦到堂弟谢惠连突然来了灵感。少游对两个弟弟的才华是肯定的。

黄庭坚《赠秦少仪诗》云:"秦氏多英俊,少游眉最白。颇闻鸿雁行,笔皆万人敌。""笔皆万人敌"云云有些夸张溢美,但少仪、少章皆为能文之士则是事实。尤其是秦少章中了进士,进入了士大夫圈子,更难得的是有机会拜在苏东坡门下,赢得了不少美誉。少游亲家、著名史学家范祖禹《送秦主簿赴仁和》诗赞少章云:"秦君淮海彦,文锋雄太阿。早依苏扬州,匠手为砻磨。光芒侵星斗,气象奔江河。"诗中的"苏扬州"就是苏东坡,因为东坡元祐七年主政扬州。照范祖禹看来,少章因为得到了一代巨匠东坡的指点、磨砻,文章自有高格,也就是"文锋雄太阿"。东坡对少章的才华也颇为称许,《次韵范淳甫送秦少章》诗云:"秦郎忽过我,赋诗如卷阿。句法本黄子,二豪与揩磨。……瘦马识骏耳,枯桐得云和。""卷阿"指的是《诗经·大雅·卷阿》,这是一首颂美周王朝的诗,东坡以《卷阿》来比少章的诗,当为盛世之音。"黄子"指黄庭坚,"二豪"指张耒和晁补之。意思是少章得到了黄庭坚、张耒、晁补之等文章高士的指点,出手不凡,就像一匹骎骎奔驰的千里马或像焦桐古琴演奏出来的乐曲。陈师道称赏少章"文章从古不同时,诗语惊人笔亦奇"(《赠秦觏兼简苏迨二首》其二),"秦郎淮海士,才大难为弟"(《次韵答少章》),在他看来,秦氏兄弟工力悉敌,少游难为兄,少章难为弟。

以少章的才华而论,他创作的文章歌诗应该数量不少,可惜由于新党对元祐党人的清算和毁禁,他的作品基本上散佚了。《全宋诗》卷一二七〇收录了秦觏诗三首,如吉光片羽,弥足珍贵。兹录如下:

赠王直方
不到王家近十年,子猷风韵亦依然。
旧时朋友今何在,别后新诗谁与传。

呈东坡
十里薰风菡萏初,我公所至有西湖。
欲将公事湖中了,见说官闲事亦无。

和王直方夜坐
帷幔高深夜漏长,颇从诗酒傲冰霜。
烛花渐暗人初睡,金兽无烟却有香。

这三首诗都堪称佳作,意趣盎然,自然流转。所谓"子猷风韵",俨然魏晋风度,名士风流,誉友亦是隐然自誉。《呈东坡》则是对东坡主政杭州,举重若轻、轻裘缓带的写照,徜徉于西湖十里荷花的芳菲世界,何等惬意!尤其是第三首,一句"颇从诗酒傲冰霜",性情与风骨兼具,结句"金兽无烟却有香",悠然不尽之意自在言外。少章现存诗歌的数量确实少了些,但尝鼎一脔,即知其味,其清才妙质是掩盖不住的。

秦觐有幸博得了一第,走上了仕途,并有机会受知于东坡先生,可谓"居高声自远",而秦觌却未能像哥哥少游预祝的那样"高风送上天"——进士及第,最终流落在高邮乡村,不知所终。值得欣慰的是,少仪还是有些许文字流传下来的踪迹。有诗为证。清人夏昆林《少仪所注苏诗,近从朱氏分类苏诗中采得数条,因笔记之》:"未了菰蒲旧爪痕,寒灰留拨有余温。谈诗幸继六君子,骥尾青云附匠门。"所谓"骥尾青云附匠门"云云,意思是少仪的才华得到黄庭坚、陈师道等苏门诗哲的知赏,如此亦可附东坡骥尾于千里了。据这首诗的记载,少仪曾经注解过东坡的诗,功力也算不浅了。

少游公子亦奇俊

秦少游的公子叫秦湛，字处度，号济川，奇俊有父风。高宗绍兴二年（1132）添差通判常州，宣教郎。秦湛为常州始迁祖，配享淮海祖祠，是江南淮海堂秦氏家族谱系中第一号人物。

秦少游诗礼传家，非常注重儿子的教育。《秋日三首》的第二首写道："月团新碾瀹花瓷，饮罢呼儿课楚词。风定小轩无落叶，青虫相对吐秋丝。"诗中的"儿"就是指秦湛。"呼儿课楚词"，就是教他读《楚辞》。看来秦少游是刻意想把儿子培养成才子的。屈原卓越的才华和峻杰的人格也确实影响了秦湛。

秦湛生长于士大夫的家庭，耳濡目染，走科举之路是必然的。元祐五年（1090），秦湛在汴京参加秋试，少游陪同儿子去考试，那天阴雨绵绵。少游赋诗云："满城车马没深泥，院里安闲总不知。儿辈未来钩箔坐，长春花上雨如丝。"（《兴国浴室院独坐时儿子湛就试未出》）少游看似不动声色，其实那潺潺的秋雨不是滴在花上，倒像是滴在他的心上。他那么沉住气等着儿子出考场，就是希望儿子欢欢喜喜出考场，给他蟾宫折桂的希望啊！

秦湛幼承庭训,不坠家风,工诗词,擅绘画。性情狂放不羁,一如乃父。李处权《戏简秦处度》诗云:"淮海秦夫子,相逢又十年。好诗无漫与,爱酒不虚传。"秦湛痴迷于水墨丹青,擅长画山水枯木,诗画合一,高处不减王维。他的朋友释祖可有两首题画诗。《咏秦处士作枯松》:

> 秦郎真是旧摩诘,写出崔巍霜雪姿。
> 林壑卷帘相照映,坐令公子发幽思。

《书秦处度所作松石》:

> 怜君作诗自无敌,游戏诗馀画成癖。
> 高堂奋袖风雨来,霜干云根动秋色。
> 长怀祝融天柱峰,万年不死之乔松。
> 观君此画已无敌,不复望云支瘦筇。

秦处度爱画披霜傲雪的松树和嶙峋的石头,可见其风骨不凡,他的画逼真得简直可以江山卧游。处度作画还喜欢请朋友题诗。李彭《梦秦处度持生绢画山水图来语予:此画刘随州诗也,君为我作诗书其上。梦中赋此诗》:

> 随州句法自无敌,写作无声绝妙词。
> 谁料长城千载下,秦郎复出用偏师。

"刘随州"就是唐代诗人刘长卿,他极擅五律,被誉为"五言长城"。长卿的五律中不乏描绘山水风景的名作。在诗人李彭看来,处度的画简直就是刘长卿的"无声绝妙词",也就是祖可说的"秦郎真是旧摩诘",画中有诗。

秦处度的画有多逼真,在著名诗人吕本中的诗中也有所印证。《秦处度与一上人同宿密庵,处度为一画断崖枯木》诗云:

> 小庵无客亦无毡,遂有高人借榻眠。
> 一夜西风撼枯柳,不知春在石崖边。

"一夜西风撼枯柳"形象地写出了画的动感,仿佛能听到"断崖枯木"在西风中呼呼作响的声音。

可惜由于新旧党争的政治原因,秦少游被罗织罪名入了元祐党籍,他的公子秦湛的画作没有得到应有的保护和收藏,全部失传了,我们只能透过他的诗友对其绘画的题品,想象绘画的意境。

处度流传下来的文字也极少,只有残留的断句、一首词以及两篇文章。断句是名句"藕叶清香胜花气",胡仔《苕溪渔隐丛话》称这一句"写景咏物,可谓造微入妙"。古谚云:"荷花虽好,也要绿叶扶持。"此断句亦令人联想到李商隐《赠荷花》的名句:"惟有绿荷红菡萏,卷舒开合任天真。"秦湛留下来的词是《卜算子·春情》。词云:

春透水波明，寒峭花枝瘦。极目烟中百尺楼，人在楼中否？　　四和袅金凫，双陆思纤手。拟倩东风浣此情，情更浓于酒。

此词写与歌女的艳情，用情极深，艳而有品，婉约中有峭健之风，堪称佳作。"春透水波明，寒峭花枝瘦。"只这两句，词中女子的眼波流盼和魔鬼身材便浮现在眼前，好一个明眸善睐的美人，好一个孤标傲世的女郎，那么挺拔，那么憔悴，那么骨感。难怪秦郎"极目烟中百尺楼"，令人念念不忘。"四和袅金凫，双陆思纤手。"这两句写往日欢会的场景：镶着野鸭图案的香炉里燃着袅袅的四合香，我和她一起玩着双陆的博戏，看谁掷骰能掷出双六的点色，最眼馋、最难忘的是她的纤纤玉手。"拟倩东风浣此情，情更浓于酒。"意思是说思念是痛苦的，想请东风唤来春雨洗涤这一段情，让她变淡，变得没有，没想到相思却像一坛酒，随着时间的推移，味道却更加醇厚了。清人黄苏《蓼园词选》评此词云："怀人之作，自饶清微澹远之致。自是俊才，可药纤浓恶俗之病。"黄苏非常高看这首词，认为它"清微澹远"的意境可以作为标准去纠正那些"纤浓恶俗"的滥情之作。所谓尝一脔而知鼎味，虽然我们只能读到秦湛的一首词，但语言的波澜老成、风格的清丽婉约确有乃父之风，足称奇俊。

秦湛还有一篇短文颇值得注意。宋人廖刚（1070—1143）的《高峰文集》卷十一《续秦叔度所书乔君宜治朱氏事》收了秦湛的佚文，廖刚作了一个题跋。兹录如下：

政和中，吴朱氏以花石幸。浙江之西，一花一石，不问何人之家，朱氏苍头排闼而入，以黄纸封之，戒主人曰："善护御前物。"其横甚于唐之五坊小儿。于是高邮乔君宜知秀州海盐县。朱氏苍头入县坊僧，将尽封僧舍之花石，僧徒谁何之，苍头呼其党棰击之。僧诉于县，君宜命捕苍头杖之，檄朱氏。朱氏大怒，诬劾君宜，君宜于是罢归。当此之时，北斗以南一人而已，士大夫高之。呜呼！岁不寒无以见松柏，事不难无以知君子。君宜君子哉！余读君宜所编《数类》，爱其读书之多，因叙政和罢官之事，书之卷末。高邮秦湛。

秦叔度所书君宜治朱氏事，余时官于秀，盖亲见之。凡杖十数辈，不止一苍头耳。方其为民父母，仗理守正，不畏强御以庇其下，若是之力。至于退而闲处，沉酣坟籍，则恝然若无意于世者。其卷舒固有道耶？惜乎不寿而死。远者大者，遂不见于世。《数类》之书且传，后人徒知其博学而已，良可恨也。延平廖某书。

秦湛记叙了宋徽宗政和年间，高邮乔君宜知秀州海盐县任上罢官之事，可称实录。乔君宜为民父母，不畏权贵朱勔，敢于抗争恶奴掠夺花石的蛮横行径，堪称清流，真可谓"岁不寒无以见松柏，事不难无以知君子"。秦湛短文具有鲜明的爱憎，体现了少游家风的传承。廖刚的题跋，则以目击者的身份证实了乔君宜治朱氏事的真实性，表彰了他"仗理守正，不畏强御"的风范，又写他"退而闲处，沉酣坟籍"，逍遥于尘俗之外，出处进退，舒卷自如，让人对乔君宜的人品意趣有了进一步了解。

秦湛另一篇文章《於潜县明智寺记》叙述了少游公与辩才大师及明智寺的佛缘，文字亦清新可诵。兹据《全宋文》录于下：

於潜之西菩，有光烛天，见菩萨像。其时僧道志茅庐其下，遂聚邑人之钱而庙佛焉，号西菩寺，实唐天祐中也。本朝改曰明智，今谓其山犹曰西菩。辩才既从此山行道，吴越山中之徒思踵其武，踊跃精进。明智以有道者之故栖，学佛者望之如仲尼之徒于阙里，其气象景物又盖境内。自於潜十有三里至山之麓，未及之五里，上松旁涧，与道委蛇，仰可以荫，俯可以鉴，循环曲折，乃得平直。两峰屹然，如立长人，如获居迎来，五老、九华未易伯仲。泉涌西岩之址，盛暑常寒，筒引错落，遍于百室。是以居者忘出，游者忘归云云。自有此寺已数百年，土殒木坏，风雨入室，像设不严，威仪不成。双峰既归，未尝有求，邑之富于力者，相率施所有，寺为之一新云云。余先人与辩才善，余儿时，先人对辩才语，必令旁侍，其高世之论，至今能记一二。而辩才物故前先人十年。今龙井、天竺间云容山色，或诲人愁，其能念前人乎？予每见来自吴越者，未尝不问辩才门人何如，故闻双峰之名久矣。杜门锡山之下，一旦苍头告予曰："门有道人，吴语而文。"亟出见之，乃常乐性禅师也。谓明智重葺，欲予为记，且曰："先太史尝为辩才记龙井，今记明智，非子可乎？"予不敢辞。虽然，鸡凤异调，大方之家岂不我笑？

秦少游女儿的故事与谜团

秦少游有一个女儿,名字和生平不详。但女婿范温却有点名气,自称"山抹微云女婿"。据蔡絛《铁围山丛谈》卷四载:

> 温尝预贵人家会,贵人有侍儿,善歌秦少游长短句,坐间略不顾温。温亦谨,不敢吐一语。及酒酣欢洽,侍儿者始问:"此郎何人耶?"温遽起,又手而对曰:"某乃'山抹微云'女婿也。"闻者多绝倒。

范温,字元实,范祖禹次子,学诗于黄庭坚,著有《潜溪诗眼》,徽宗政和初曾出仕。范温是名臣之子,他的父亲范祖禹是当时著名的史学家,系司马光《资治通鉴》编修书局团队的重要成员。范祖禹(1041—1098),字淳甫,一字梦得,成都华阳人,仁宗嘉祐八年(1063)进士。知龙水县事,历奉议郎。从司马光编修《资治通鉴》,专职唐五代。《通鉴》修成,转秘书省正字。哲宗即位,除著作佐郎,历任右谏议大夫、翰林侍讲学士、龙图阁直学士等官职,后出知陕州,旋以旧党被斥,病死于宾化，年五十八。祖禹博学能文，著有《唐鉴》《范太史集》等书，其《唐鉴》一书，系唐史名著，世尤推其博洽，时称祖禹为"唐鉴公"。

范祖禹和秦少游都是进士出身，均系馆阁学士，政治上又皆属元祐旧党，可称门当户对。秦少游游于苏门，负一代才名，秦家有女初长成，范家上门求婚自属题中应有之义。范祖禹为次子范温行媒向秦家求婚，有《纳采启》为证："某第二子温，朴愚粗立，日训义方。贤女令淑有闻，尚勤姆教。已协宜家之卜，敢先纳采之宜。"（《范太史集》卷三四）纳采为婚姻六礼（纳采、问名、纳吉、纳征、请期、亲迎）之首。秦少游回应了范祖禹的《纳采启》，写下了《婚书》："蚤年拥彗，尝趋大丞相之门；末路绌书，实佐先翰林之事。重以世母，出于伯姜。既事契之久敦，宜婚姻之申结。敬承佳命，增慰夙心。"（《淮海集》卷第三十七）文字渊雅得体，双方家长达成了这门婚事。

秦氏女哪一年嫁入范家，难以确证，婚后的情形也不得而知。所可知者，秦少游生前，女儿已经嫁入范家。宋哲宗元符三年（1100）八月，秦少游死于藤州，范家长子范冲前去奔丧，载少游灵柩而去。范氏与秦氏二姓已成亲家无疑。

秦氏女也是一个才女。据元人韦居安《梅磵诗话》卷上记载：南宋诗人曾季貍有一首七言古风《秦女行》，叙写了北宋沦亡，秦少游女儿被金人掠往北地，不得回归故里的史实。诗前有序：

靖康间,有女子为金人所掠,自称秦学士女,在道中题诗云:"眼前虽有还乡路,马上曾无放我情。"读之者凄然。余少时尝欲纪其事,因循数十年,不克为之。壬辰岁九月,因读蔡琰《胡笳十八拍》,慨然有感于心,乃为之追赋其事,号《秦女行》云。

从序中看出,秦氏女在被北掠道中题诗的故事在当时广为流传。曾季貍的祖上曾巩、曾肇与少游交谊颇厚,他少年时代曾有过为秦学士女纪事的创作冲动。等到真正写成却已在壬辰岁,即南宋孝宗乾道八年(1172),距离靖康之变已经45年。创作的缘起是读蔡琰《胡笳十八拍》勾起他对秦氏女遭遇的回忆,"慨然有感于心,乃为之追赋"。曾季貍将秦氏女比作东汉末年的蔡文姬,意味着她被金人掳掠到北方,且陷落于胡地多年。那么秦氏女的命运究竟如何呢? 录诗如下:

> 妾家家世居淮海,郎罢声名传海内。
> 自从贬死古藤州,门户凋零三十载。
> 可怜生长深闺里,耳濡目染知文字。
> 亦尝强学谢娘诗,未敢女子称博士。
> 年长以来逢世乱,黄头鲜卑来入汉。
> 妾身亦复堕兵间,往事不堪回首看。
> 飘然一身逐胡儿,被驱不异犬与鸡。
> 奔驰万里向沙漠,天长地久无还期。

北风萧萧易水寒，雪花席地经燕山。

千杯虏酒安能醉，一曲琵琶不忍弹。

吞声饮恨从谁诉，偶然信口题诗句。

眼前有路可还乡，马上无人容我去。

诗成吟罢只茫然，岂意汉地能流传。

当时情绪亦可想，至今闻者犹悲酸。

忆昔中郎有女子，亦陷虏中垂一纪。

暮年不料逢阿瞒，厚币赎之归故里。

惜哉此女不得如，终竟老死留穹庐。

空余诗话传凄恻，不减胡笳十八拍。

诗一开头就以秦氏女的口吻自报家门："妾家家世居淮海，郎罢声名传海内。"意思即我是秦少游学士的女儿。"自从贬死古藤州，门户凋零三十载。"少游去世于 1100 年，靖康之变是 1126—1127 年，算起来秦氏女为金人所掠已是中年。从"惜哉此女不得如，终竟老死留穹庐"两句来看，秦氏女未能回归，死在了金国。这首诗是事隔几十年后写出来的，多想象之辞，如"奔驰万里向沙漠，天长地久无还期。北风萧萧易水寒，雪花席地经燕山。千杯虏酒安能醉，一曲琵琶不忍弹"云云，都是非常动情的文字，可见曾季狸到了晚年，对靖康国耻一直不能忘怀，对秦学士女的悲悯依旧刻骨铭心。

行文至此，我心中的疑团仍未完全解开。"自称秦学士女"，那肯定是秦少游的女儿，北宋后期，秦少游名满文坛，"秦学士"

不啻是秦少游的专称,这没有问题。秦少游的女儿是才女,女婿小范出身名门,这也没有问题。但女儿女婿的家庭生活情况如何? 秦氏女有没有生儿育女? 她是一个人被掠往北方的吗? 身边有没有其他亲人呢? 范温在不在身边呢?

　　还有一个问题就是,秦少游有没有可能与被遣的侍妾边朝华生有女儿呢? 边朝华离开秦少游的时候有没有怀有身孕不得而知,极有可能暗结珠胎。也就是说,此女不一定就是嫁入范家的女儿。大胆设想,还要小心求证。这些问题还有待于文献的进一步发现和解密。

秦少游与苏小妹的传说

　　风流才子秦少游，人见人爱，绯闻还真不少，那么他的太太是谁呢？民间流传的说法是苏东坡的妹妹——苏小妹。事实上，苏东坡根本就没有这个妹妹，秦少游娶苏小妹又何从谈起呢？然而好事者不管什么真相不真相，他们喜欢秦少游的风流韵事，所以秦少游与苏小妹的故事在民间广为流传，至今仍有不少人津津乐道。民间故事中的秦少游与苏小妹才子才女，工力悉敌，最终以诗为媒，结为秦晋之好。这个故事最早出自南宋无名氏《东坡问答录·坡妹与夫来往歌诗》：

　　　　东坡之妹，聪慧过人，博学强记，尤工为文。有欲以秦少游议亲者，妹索其所业，视之曰："秦之文粗足以敌吾子由（苏辙的字）之才。"遂得偕伉俪。并以《采莲歌》相唱和。歌为回文叠字体。少游诗云："静思伊久阻归期，久阻归期忆别离。忆别离时闻漏转，时闻漏转静思伊。"东坡妹诗云："采莲人在绿杨津，在绿杨津一阕新。一阕新歌声漱玉，歌声漱玉采莲人。"

才子才女回文叠字唱和，既显才情，又颇见巧思，简直是神仙眷属，好让人羡慕啊！宋人林坤《诚斋杂记》，元吴昌龄《花间四友东坡梦》杂剧，都沿袭了《东坡问答录》的说法，《东坡梦》第一折借剧中人物苏东坡的口径直说："弟曰子由，妹曰子美，嫁秦少游者是也。"

秦少游和苏小妹的故事不断在民间发酵，波澜渐阔，最终演绎成了短篇小说《苏小妹三难新郎》，收在晚明小说家冯梦龙编的短篇小说集《醒世恒言》中。这篇小说还真编得有模有样，跌宕起伏，说苏老泉（苏洵）有女苏小妹，才华过人，蕙心纨质。当朝宰相王安石有意为儿子王雱求亲，请苏洵评点王雱的文字。王雱是极聪明的才子，苏小妹叹赏他的文字，却又认为他"秀气泄尽，华而不实，恐非久长之器"。苏家婉拒了婚事，虽然相府亲事不谐，但小妹的才名却播满京城，不少才子慕名求亲。苏小妹以文章招亲，秦少游献上的文章得到了她的青睐。此后小妹去东岳庙进香，少游扮成化缘的道士，见小妹容貌清雅，全无俗韵，上前主动与她联句，果然是高手过招，棋逢对手。少游不久登门求亲，获得了苏老泉的许可。秦少游金榜题名，与小妹完婚。新婚之夜，小妹出了三道题目考少游，前面两道赋诗，少游顺利过关，第三道是对对子，他苦思冥想对不出来，在大舅哥东坡的启发下，激活灵感，对了出来，于是洞房门大开，一对新人共度良宵。整篇小说就数对对子这一段写得最精彩，我们一起看看：

听得谯楼三鼓将阑，构思不就，愈加慌迫。却说东坡此时尚未曾睡，且来打听妹夫消息。望见少游在庭中团团而步，口里只管吟哦"闭门推出窗前月"七个字，右手做推窗之势。东坡想道："此必小妹以此对难之。少游为其所困矣！我不解围，谁为撮合？"急切思之，亦未有好对。庭中有花缸一只，满满的贮着一缸清水，少游步了一回，偶然倚缸看水。东坡望见，触动了他灵机，道："有了！"欲待教他对了，诚恐小妹知觉，连累妹夫体面，不好看相。东坡远远站着咳嗽一声，就地下取小小砖片，投向缸中。那水为砖片所激，跃起几点，扑在少游面上。水中天光月影，纷纷淆乱。少游当下晓悟，遂援笔对云：投石冲开水底天。丫鬟交了第三遍试卷，只听呀的一声，房门大开，内又走出一个侍儿，手捧银壶，将美酒斟于玉盏之内，献上新郎，口称："才子请满饮三杯，权当花红赏劳。"少游此时意气扬扬，连进三盏，丫鬟拥入香房。这一夜，才子佳人，好不称意。……

因为"三言"是通俗小说，拥有大量的读者，《苏小妹三难新郎》的故事不胫而走，民间很多人以为苏小妹就是秦少游的太太，两人是才子佳人的黄金搭档。清人褚人获《坚瓠集》、清南山逸史《长公妹》杂剧、李玉《眉山秀》传奇等都记载或演绎了秦少游与苏小妹的故事，都是《苏小妹三难新郎》影响下的产物。

然而，我们不得不说秦少游与苏小妹的故事是虚构的。据专家考证,《东坡问答录》是伪书。苏轼根本就没有这个妹妹。秦少游与苏小妹的故事是假的,但少游的才华与风流倜傥却是真实的,他与东坡铁的交情也是假不了的。

那么,秦少游明媒正娶的太太是谁呢?

秦少游的太太徐文美

　　秦少游明媒正娶的太太是徐文美,也是高邮人,系潭州宁乡主簿徐成甫的长女。英宗治平四年(1067),秦少游十九岁,娶夫人徐氏。据少游为岳父写的《徐君主簿行状》记载:徐家为高邮的大户人家,"金钱邸第甲于一乡"。徐成甫事亲至孝,宅心仁厚,才智度量有过人之处,所与游者皆一时之豪,爱读书,好学问,"颇涉传记、阴阳、医药、算术之学,无所不窥",早年曾聚书几万卷,欲举进士,祖、父不从,不得不以操持家事为重。徐成甫通过捐纳的方式取得了官位,潭州宁乡主簿实际上只是象征性的虚衔,面子上好看而不是实授。因为不是科举正途出身,徐成甫把希望寄托在子女的身上,说:"子当读书,女必嫁士人。"如此说来,徐文美嫁给秦少游也算是得其所哉。徐成甫先后有过两个太太,初娶张氏,有贤德,继妻蔡氏,节行益奇。少游写有《蔡氏夫人行状》,对她有高度评价,称夫人"性卓荦"。

　　徐氏家族有良好的家风,徐文美身为长女,在这样的家庭中成长,她的家教是相当好的。秦少游在他的诗词中几乎没有直接为徐文美写过什么,但夫妇的感情应该是很深的。少游在科举的道路上并不顺利,直到三十七岁才中进士。走上仕途之后,经济上还是比较拮据。在漫长的岁月中,徐文美一直是他的贤内助,欣赏他的才华,理解他的挫折,宽容他的风流。

更难得的是,徐文美出身大户,却能养蚕持家,并精于此道。少游写有一篇《蚕书》,开头就说:"予闲居,妇善蚕,从妇论蚕,作《蚕书》。"夫妇一起讨论、总结养蚕的经验,最终由少游执笔形成了《蚕书》。看来,《蚕书》不全是少游一个人的,也有太太的功劳。少游的《蚕书》在中国农桑史上有一席之地,对普及江淮农桑起到了重要的作用。我们在赞颂秦少游的同时,不要忘记一个女性的名字——徐文美。

秦少游诚然是一个风花雪月的才子,但心里始终有徐文美的。绍圣元年,少游被贬出京,船到邵伯埭,有短暂的停留。夫人从高邮赶过来,与少游话别,在一起住了一个晚上。患难时节,伉俪情深,分别之后,少游写下了《临江仙》:

> 髻子偎人娇不整,眼儿失睡微重。寻思模样早惺忪。断肠携手,何事太匆匆。　　不忍残红犹在臂,翻疑梦里相逢。遥怜南埭上孤篷。夕阳流水,红满泪痕中。

那一晚少游夫妇都没怎么睡,偎依在一起说了一夜的话,真是"乍见翻疑梦,相悲各问年"(司空曙《云阳馆与韩绅宿别》)。夜来无眠,夫人眼睛都肿了。有道是"悲莫悲兮生别离"(屈原《九歌·少司命》),一别之后,能否再相见?"执子之手,与子偕老"(《诗经·邶风·击鼓》),恐怕就是一个无法兑现的泡影。夕阳西下的时候,少游上船了,扬帆远去,邗沟流水仿佛化为丝丝血泪!

秦少游中年的情殇

　　人到中年,秦少游还娶过一位芳龄十九岁的小夫人,叫边
朝华。据南宋张邦基《墨庄漫录》卷三记载:"秦少游侍儿朝
华,姓边氏,京师人也。元祐癸酉纳之。"癸酉是哲宗元祐八年
(1093),这年少游四十五岁,任秘书省正字,兼国史院编修,实
为仕途最顺达的时期。此时抱得美人归,少游憔悴的身心该获
得了极大的抚慰吧。

　　纳妾的时间是秋天的七夕,这一天是神话传说中牛郎织女
鹊桥相会的日子。新婚之夜少游赋诗云:

　　　　天风吹月入阑干,乌鹊无声子夜阑。

　　　　织女明星来枕上,了知身不在人间。

金风送爽,月色皎洁,乌鹊无声,静夜悠悠。新娘柔情似水,少游
心潮澎湃,他不禁有点恍惚,朝华该不是天上的织女降临人间
吧,似梦又非梦,他紧紧地拥抱着新娘,沉醉在温柔乡中。然而,
他把新娘比作织女,隐然以牛郎自比,所谓"迢迢牵牛星,皎皎

河汉女"(《古诗十九首》),似乎冥冥中又有不祥之兆。

　　果然好景不长,朝廷政局骤变。绍圣改元,哲宗亲政,新党上台,章惇、曾布、赵挺之、蔡京等占据要津,操弄政柄,一意报复元祐旧臣,刻意罗织罪名,将他们打成奸党。元祐旧党名臣吕大防、刘挚、范纯仁、苏轼、苏辙等纷纷遭到贬谪、流放,无一幸免。秦少游作为苏轼、苏辙蜀党的成员,也随着二苏政治命运的急转直下而难逃劫难。既然被贬出京,沦落天涯已成不可知的定局,那就得毫无牵挂地踏上迁谪之路。在出京前,少游以凄婉的柔情吻别了爱妾朝华,将她送回娘家,给她重新选择婚姻的机会。《遣朝华》诗云:

> 月雾茫茫晓柝悲,玉人挥手断肠时。
> 不须重向灯前泣,百岁终当一别离。

残月在天,雾气茫茫,在阵阵的更点声中,少游与朝华分手,玉人挥手,一刹那间柔肠寸断。朝华走了,少游块然独坐在孤灯下默然良久,转念又安慰自己,有道是"夫妻本是同林鸟,大难来时各自飞",就算耳鬓厮磨,百岁相守,终究有分手的一天,又何必太伤悲呢?

　　可是朝华却非常痴情,归去二十余日又回来,少游感念她一片痴情,又接纳了她。但贬谪的路上会有怎样的凶险,很难逆料。又据张邦基《墨庄漫录》卷三记载:少游出京,"至淮上,因与道友议论,叹光景之遄。归谓华曰:'汝不去,吾不得修真矣.'亟使人走京师,呼其父来,遣朝华随去。复作诗云:'玉人前去却重来,此度分携更不回。肠断龟山离别处,夕阳孤塔自崔嵬。'""道友议论"或许真的触动了少游的心弦,本来他就有一颗佛心。修真断世缘不论是不是一个借口,但连累朝华受苦必定是真正的原因,否则也不会"肠断龟山离别处"了。

不过明人唐寅对少游遣朝华颇有微词。其《题自画秦淮海卷》诗云:

> 淮海修身遣朝华,他言道是我言差。
>
> 金丹不了红颜别,地下相逢两面沙。

这是一首题在少游画像上的诗。在遣朝华这件事上,唐寅觉得少游做错了,不应该为了修真炼丹而舍弃朝华。"金丹不了红颜别,地下相逢两面沙。"意谓少游修真炼丹不了了之,忍心与佳人诀别,自毁姻缘。有一天两人地下相逢,少游该会羞愧脸红吧。

唐寅的诗确实打中了秦少游的要害。"地下相逢两面沙",少游脸红心愧也在情理之中吧,毕竟在遣朝华这件事上,他太怯懦,不像一个男子汉那么勇敢地带着自己的女人闯天涯。然而,我们还是要为秦少游说句话,贬谪之路太过凶险,遣去朝华确实是为她着想,毕竟朝华还很年轻,路还很长。

相比之下,晚清诗人汪渊对遣朝华之事说得比较平和。《书秦少游遣妾边朝华诗后》:

小红纵幸生前嫁,樊素方深别后愁。

一样情天恨难补,西风寂寞古藤州。

在遣朝华这件事上,没有谁辜负谁。无论对少游还是对朝华,都是难以承受却不得不面对的情殇。"一样情天恨难补"说到了点子上。秦少游中年的情殇是北宋党争造成的,所谓覆巢之下,岂有完卵。少游选择放手,是对边朝华最大的爱护。

秦观初字太虚

熙宁四年（1071），秦观二十三岁，初字太虚。他的友人陈师道在《秦少游字序》一文中记载了少游的一段原话：

> 往吾少时，如杜牧之强志盛气，好大而见奇。读兵家书，乃与意合，谓功誉可力致，而天下无难事。顾今二虏有可胜之势，愿效至计，以行天诛，回幽夏之故墟，吊唐晋之遗人，流声无穷，为计不朽，岂不伟哉！于是字以太虚，以导吾志。

那时的秦观推崇杜牧，熟读兵书，梦想着登坛拜将，率领军队抵御二虏——辽和西夏，收复幽云十六州失地，洋溢着建功立业、垂名竹帛的激情，所以"字以太虚，以导吾志"。秦观以太虚为字，也有道教思想的元素。少游五十岁时写的《反初》诗云："昔年淮海来，邂逅安期生。谓我有灵骨，法当游太清。区中缘未断，方外道难成。一落世间网，五十换嘉平。"安期生就是道教中的仙人，"法当游太清"的"太清"即太虚。难怪少游一直有游仙思想,与太虚的暗示委实相关。此外,秦观表字太虚,与他父亲元化公也颇有关联。元化,指造化、天地,太虚则指天空,元化与太虚意思非常相近。据清人秦瀛《淮海先生年谱》:"嘉祐八年癸卯,先生年十五,丁父元化公忧。"其时元化公去世已经八年。秦观以太虚为字,蕴含着对父亲的怀念之情。当然,秦太虚的"太虚"最核心的还是建功立业的入世精神。

从哲学层面来看,太虚是一个徘徊在玄虚的唯心主义与朴素的唯物主义之间的哲学术语,具有空间的无限性。《老子》:"致虚极,守静笃。"《庄子·知北游》云:"若是者,外不观乎宇宙,内不知乎太初,是以不过乎昆仑,不游乎太虚。"唐人成玄英疏:"昆仑是高远之山,太虚是深玄之理。"《黄帝内经·天元纪大论》:"太虚寥廓,肇基化元,万物资始,五运终天。"晋人孙绰《游天台山赋》:"太虚辽廓而无阂,运自然之妙有。"

到了北宋,大儒张载对"太虚"这一范畴进行了改造,使之成为唯物主义的元气本体论,蕴含着积极入世的精神。张载的《正蒙·太和篇》即提出"太虚即气"的学说:"太虚不能无气,气不能不聚而为万物,万物不能不散而为太虚","气之聚散于太虚,犹冰凝释于水,知太虚即气,则无无","由太虚,有天之名;由气化,有道之名;合虚与气,有性之名;合性与知觉,有心之名","太虚为清,清则无碍,无碍故神"。合而言之,太虚即气即道,"太虚""气""万物"乃是宇宙物质实体的不同形态,太虚与心性相通相融。太虚既有天之名,为乾为阳为清,自然刚健有为。太虚既属唯物主义的、运动着的实体,就必然导向现实社会的事功。张载为关中大儒,神宗皇帝曾问道于他,关学思想影响士林甚大。很显然,正是立足于太虚元气本体论,秦观"字以太虚,以导吾志"。

熙宁五年(1072),他写的《郭子仪单骑见虏赋》歌颂唐代名将郭子仪"匹马雄驱",兵不血刃以解回纥之围的壮举,寄托了自己的抱负。元丰二年(1079),他在送友人曾逢原从军边关的诗中写道:"美人邈云杪,志愿固有违。丹青傥不渝,与子同裳衣。"(《寄曾逢原》)与子同袍的爱国情怀沛然盈怀。正因为有着经纶世务的进取意识,他对栖迟乡野,空度青春,有着强烈的焦灼感。《幽眠》诗云:"北风吹老槐,白日转纸窗。布衾一觉睡,身世成渺茫。"即便是咏叹梅花,从"月没参横画角哀,暗香销尽令人老"(《和黄法曹忆建溪梅花》)的迟暮之叹中依然能感觉到他可惜流年的忧伤。

秦观改字少游

在太虚精神的激励下，秦观在接连经历了元丰元年（1078）、元丰五年（1082）科举的失败之后，再接再厉，终于在元丰八年（1085）考取了进士，赢得了进身之阶。也就在这一年，他为友人徐大正还乡归隐而作的《闲轩记》还劝勉友人建功立业：

> 夫以精悍之姿，遇休明之时，齿发未衰，足以任事，而欲就闲旷，处幽隐，分猿狖之居，厕麋鹿之游，窃为君不取也。

照理来说，秦观应该秉持入世精神奉时以骋绩。可是，他却突然萌生了隐逸之思，说什么"今吾年至而虑易，不待蹈险而悔及之，愿还四方之事，归老邑里，如马少游，于是字以少游，以识吾过"（陈师道《秦少游字序》）。"悔"与"过"从何而来呢？明明才三十七岁，富于春秋，"齿发未衰"，却老气横秋地说"归老邑里"，这究竟是什么原因呢？秦观没有解释。

那么，秦观提到的马少游又是何许人呢？据范晔《后汉书·马援传》记载：

> （马）援为新息侯，食邑三千户。援乃击牛酾酒，劳飨军士。从容谓官属曰："吾从弟少游常哀吾慷慨多大志，曰：'士生一世，但取衣食裁足，乘下泽车，御款段马，为郡掾吏，守坟墓，乡里称善人，斯可矣。致求盈余，但自苦耳。'当吾在浪泊、西里间，虏未灭之时，下潦上雾，毒气重蒸，仰视飞鸢跕跕堕水中，卧念少游平生时语，何可得也！"

马少游是东汉名将马援的堂弟，一个极普通的士人，没有什么功绩值得一说，可以说完全附骥于《马援传》而留名。但马援转述的马少游那几句话却名气大得很。

马少游表达的是一个平凡士人的卑微自适的生活理念，不愿冒险，不求闻达，不逐富贵。自古精英人士"慷慨多大志"，锐意进取，一往无前，然而当他们身陷险境，生死难料，想做普通人而不得的时候，回味马少游的话的确有深得吾心之感，这或许就是马少游吸引力之所在吧。

从太虚到少游的心路历程

从太虚到少游,秦观有一个心路历程。秦观当时担任蔡州教授,刚走上仕途不久,政治上还未遭遇多少挫折,为什么会归心于马少游呢? 我认为有三方面原因:

首先是他自身性格的脆弱所致。这是文人的通病,所谓期望越大,失望越大,越是"强志盛气,好大而见奇",越容易在现实中碰壁而心灰意冷。杜牧如此,秦观也是如此。秦观对自己期许太高,自以为熟读兵书,一旦投笔从戎,便能消灭"二虏"(辽和西夏),"功誉可立致,而天下无难事",可是到了而立之年,依然沉没乡村,毫无建树。元丰元年寒食,其时还未进京赴试,他已经萌生了马少游的意念。有诗为证。《还自广陵》四首其一:

> 薄茶便当乌程酒,短艇聊充下泽车。
>
> 坟墓去家无百里,往来仍不废观书。

所谓"短艇聊充下泽车"用的就是马少游典故。日后科场坎壈,沉重打击了他的自信心,使之对人生产生了虚无感。

元丰二年(1079),秦少游到越州省亲。他内心的失落和颓唐在诗中也有流露,《夜坐怀莘老司谏》诗云:

> 六合寥寥信茫昧,中有日月无根柢。
> 古往今来漫不休,青发素颜从此逝。
> 嗟予自少多邅回,气血未衰心已艾。
> 北渡长淮霜入屦,南窥禹穴尘生袂。
> 日凿一窍混沌死,虽有余风终破碎。
> 回车复路可无缘,三问道人三不对。

元丰七年,他在《送乔希圣》诗中写道:"鹢翔蓬蒿非所悲,鹏击风云非所喜。贵贱穷通尽偶然,回头总是东流水。"所谓"鹢翔蓬蒿非所悲"不就是马少游的价值观吗?元祐三年(1088),秦少游在蔡州教授任上写的《裴秀才跋尾》一文还引用了《后汉书》马援转述的马少游的那段话:"余闻而叹之。昔马援南征,谓官属曰:'吾从弟少游,常哀吾慷慨多大志,曰:"士生一世,但取衣食裁足,乘下泽车,驭款段马,为郡掾吏,守坟墓,乡里称善人,斯可矣。致求赢余,但自苦耳。"当吾在浪泊、西里,虏未灭之时,下潦上雾,毒气薰蒸,仰视飞鸢跕跕堕水中,卧念少游平生时语,何可得也!'"可见确实三复斯言,有得于心。

其次是佛道的因缘。秦少游《五百罗汉图记》称"余家既世崇佛氏",空虚寂灭的佛道思想自小在他心里播了种。秦观又精研佛典,《淮海集》中多佛教文字,如《高邮长老开堂疏》《宝林寺开堂疏》《乾明开堂疏》《醴泉开堂疏》等,这些文字写于熙宁、元丰年间。秦观还颇多方外交,在此期间与参寥、辩才、昭庆禅师等有所交往,在参禅悟道中渐消其奔竞之心。

再次则受到科举与当时政治生态的影响。秦观压根儿就不是随波逐流、脂韦婉娈之辈,他的落第与质疑、疏离"荆公新学"(《三经新义》)有着直接的关系,而"荆公新学"恰恰是熙丰时期的主流意识形态——科举必考之内容。他在《王定国注论语序》中写道:

> 自熙宁初王氏父子以经术得幸,下其说于太学,凡置博士,试诸生,皆以新书从事,不合者黜罢之,而诸儒之论废矣。

由此可见其为人耿介,质性自然。虽博得一第,但性格并不适合于官场。北宋中期以来新旧党争酷烈,党同伐异的门户之见,官场风险太大,不少士大夫对仕途厌倦,向往马少游式的恬淡生活。连王安石这样一个大力改革的新党党魁也写下了"因知田里驾款段,昔人岂即非良谋"《和王胜之雪霁借马入省》,"已知轩冕真吾累,且可追随马少游"(《次韵酬朱昌叔》五首其三)的诗句,一反壮年《登飞来峰》"不畏浮云遮望眼,自缘身在最高层"的激情高调。苏轼最深于性命自得之际，宦海浮沉，马少游情结就更浓了。乌台诗案，苏轼贬谪黄州，躬耕东坡，俨然以马少游自居，所谓"雪堂亦有思归曲，为谢平生马少游"（《次韵黄鲁直寄题郭明父府推颍州西斋二首》）。苏轼朋党之争中的挫折与畏祸心理自然影响到秦观的人生选择，他看到了未来仕途的风高浪急。元祐之后，秦观以字少游行于世，意在时时提醒自己疏离政治，不要陷入党争的漩涡中去。

第二编

秦少游与他的师友

天遣君来破我愿,苏门铁定半生缘。

　云涯海角随蓬转,无改初心似石坚。

　　　　　　　——《东坡、少游交谊有感》

孙觉对秦少游的教导

　　秦少游在入苏门之前,有一位重要的老师,就是他的乡贤——孙觉。孙觉字莘老,生于仁宗天圣六年(1028),卒于哲宗元祐五年(1090),是北宋名臣、经学家。孙觉在仁宗皇祐元年(1049)举进士,调合肥主簿,进馆阁校勘。历知湖州、庐州、苏州、福州、亳州、扬州、徐州诸州,辗转七州皆有政绩。知应天府,改任秘书少监。孙觉经学湛深,尤长于《春秋》,继承教育家、经学家胡瑗的衣钵而有所发明,著有《春秋经社要义》六卷(已佚)、《春秋经解》十三卷等。

　　秦少游是孙觉的及门弟子。有诗为证。《奉和莘老》诗云:

　　　　童子何知幸最深,久班籍湜奉登临。
　　　　挟经屡造芝兰室,挥麈常聆金玉音。
　　　　黄卷香焚春晼晚,绛纱人散夜萧森。
　　　　明朝只恐丝纶下,回首青云万里心。

　　这首诗是以入室弟子的口吻写的。少游以韩愈比孙莘老,而以张籍、皇甫湜自比。少游问学于孙莘老,"挟经屡造芝兰室,挥麈常聆金玉音",这两句堪称他谦虚求教、虔诚问学,如坐春风的写照。"黄卷香焚春晼晚,绛纱人散夜萧森",这两句将莘老比作东汉大儒马融,从容论道的名师风度自在言外。

孙觉为官以正直敢言著称,有胆识,有锋芒,堪称直道而行的政治家。孙觉与王安石曾是非常要好的朋友,后来反对王安石变法,两人分道扬镳。孙觉颇有德量,虽曾因议论国是、政见相左而被王安石放逐,但他并不记恨。王安石罢相退居钟山,孙觉主动前去拜访,晤谈甚欢,从容累夕;王安石去世,孙觉又作诔文纪念他,他的胸襟雅量在士大夫圈子里传为佳话。

孙觉是政治家、经学家,文章以奏疏为主,并不以文学显扬于世,但对风雅之道颇有解会。他的诗文不多,以学识见长,多悟道之语,高处可摩东坡之垒。如《众乐亭记》:

物之可乐多矣,惟其性之所嗜。至山溪之胜绝,水石之清凉,则未有不乐者。夫无情然后可以待有情,无情之至,则有情者皆为之役。山水之乐,不几于无情者与?若夫声利之士沉酣而渗漉,天理遁而世习深,未尝须臾而乐也。暂而至山水之间,濯去迫怵,而返其本真,则释然而喜,翛然而忘归。逋放之士倾颓而偃蹇,脱身乎祸灾而谢乎事物,动之山水之间,适其所欲而安于自弃,则浩然而笑歌,悠然而忘返。均之二者,皆为有过,而未造乎道。夫惟至乐,无假于外。彼皆未能无忧于中,故假于外而后乐也。

盖君子出处,不累于心,而忧乐两忘矣。然则君子无忧乐已乎?君子乐与众乐,忧与众忧,而身不与也。余令太平之年,得县之东山溪之会处以作亭焉,而至者乐之,因名之曰众乐,又列其所以乐者,为之记以自览。嘉祐三年六月,守县令孙觉记。

此文论"无情"与"有情"的辩证关系非常透彻,批判了"声利之士"和"逋放之士"心为形役,假于山水而不能造乎君子之大道。文章倡导"无假于外"的"至乐"之境,即"君子出处,不累于心,而忧乐两忘",与苏东坡"一蓑烟雨任平生"的境界可称灵犀相通。

孙觉是秦少游的伯乐,是他发现了秦少游的才华,着意培养他。在主政湖州的时候,还把少游带入他的幕府,让他有历练的机会。最重要的是,孙觉把他推荐给了当代文豪苏东坡。可以说,没有孙觉这位伯乐,秦少游这匹千里马也许无缘结识东坡,更无缘列于东坡门墙。

秦少游浪漫多情,但有时陷溺其中,管不住自己。在他成长的道路上,孙觉一直关注并"敲打"着他。这里说一个故事。据《王直方诗话》记载:

> 参寥言旧有一诗寄少游,少游和云:"楼阙过朝雨,参差动霁光。衣冠纷禁路,云气绕宫墙。乱絮迷春阔,嫣花困日长。平康何处是?十里带垂杨。"孙莘老读此诗至末

句,云:"这小子又贱相发也。"少游后编《淮海集》,遂改云:"经旬牵酒伴,犹未献长杨。"

秦少游的诗题目叫"辇下春晴"。少游在京城走马章台,不加检点,还津津乐道:"平康何处是? 十里带垂杨。"平康就是妓院。孙莘老读了这首诗,骂他:"这小子又犯贱了。"他对秦少游的严厉"敲打",是出于对秦少游的爱护。孙莘老的评价传到了秦少游的耳里,对他触动很大,在收入定稿《淮海闲居集》的时候,改成了"经旬牵酒伴,犹未献长杨"。这一改,整个的站位就不一样了。"献长杨"的"长杨"用的是扬雄献《长杨赋》规谏汉成帝的典故,体现了士大夫的忧患意识。可见孙莘老对少游的教育起到了切实的作用。

孙莘老去世的时候,秦少游写下了深情的挽词。《孙莘老挽词四首》:

> 同功一体尽调元,独抱沉疴反故园。
> 壶遂暮年非不遇,人生到此可忘言。
>
> 青春芸阁妙文词,进读金华鬒若丝。
> 转守七州多异政,奉常处处有房祠。
>
> 月旦尝居第一评,立朝风采照公卿。
> 门生故吏知多少,尽向碑阴刻姓名。
>
> 华屋丘山可奈何,百年光景一投梭。

故人唯有羊昙在,恸哭西州不忍歌。

"立朝风采照公卿","转守七州多异政",可称政治功业的定评,即无论在中央任职,还是主政地方,都能创造"异政"。孙莘老对士大夫的进退出处非常的圆融,不陷溺于功名,因而能像西汉术士壶遂那样内廉行修,忘情得失。秦少游的感情非常的真挚,他对孙莘老的评价没有一丁点虚美。"故人唯有羊昙在,恸哭西州不忍歌",他以谢安比孙莘老,以谢安的外甥羊昙自比,少游用羊昙恸哭西州的典故表达了两人之间深厚的感情。

值得注意的是,少游与孙觉家族有着深厚的友谊,他和莘老的弟弟孙览(字传师)及儿子孙端(字子实)一直有很好的交往。如《怀孙子实》:

举眼趋浮末,斯人独好修。
青春三不惑,黄卷百无忧。
玉出方流润,鸾停翠竹幽。
相思自成韵,不必寄西邮。

在秦少游的眼里,孙端就是芝兰玉树。"玉出方流润,鸾停翠竹幽",一个儒雅公子的形象浮现在眼前。孙莘老家族有这么好的家教,难怪秦少游颇受教益。

秦少游心中的偶像

秦少游心中是有偶像的。我们首先可能想到的是苏东坡,这也是题中应有之义,因为少游与东坡第一次见面的时候就写下了"我独不愿万户侯,惟愿一识苏徐州"(《别子瞻学士》)的深情诗句。那么,秦少游在没有遇到苏东坡之前,他有没有偶像呢?有的!就是唐代的郭子仪和杜牧。

我为什么这么肯定呢?秦少游对自己的期许很高,立志要成为一流的人才。他心中是有标杆的。据清人秦瀛《重编淮海先生年谱》记载,熙宁五年(1072),少游二十四岁,"好读兵家书,作《单骑见虏赋》"。《郭子仪单骑见虏赋》是一篇律赋。律赋即北宋科举考试的文体。在这篇律赋当中,秦少游尽情赞美了汾阳王郭子仪大智大勇,兵不血刃化解回纥与大唐战争危机的壮举,言中充满了倾慕之意。在唐代宗的时候,回纥侵犯唐朝,战争一触即发。郭子仪说我要见你们可汗,然后他不带一兵一卒,一个人到回纥的大军当中,与他们的可汗和高级将领对话,陈之以利害,动之以情理,说服了他们,使之主动退兵。《孙子兵法·谋攻篇》云:"不战而屈人之兵,善之善者也。"郭

子仪不费一兵一卒而屈人之兵,用了攻心之计,真的是一个了不起的胜利。文章写道:

> 回纥入寇,汾阳出征。何单骑以见虏?盖临戎而示情。匹马雄趋,方传呼而免胄;诸羌骇瞩,俄下拜以投兵。……金石至坚也,以诚可动;天地至大也,以诚可闻。……非不知猛虎无助也受侮于狐狸,神龙失水也见侵于蝼蚁。曷为锋镝之交下,遽遗纪纲而不以。盖念至威无恃于张皇,大智不资于恢诡。

文章写得非常漂亮,既中律赋的规矩,又非常的灵动,不愧为宋代律赋中不可多得的名篇。此文乃秦少游惨淡经营、精心琢磨而成,他以这种高难度的文体向郭子仪献上一瓣心香,本身就意味着心中的偶像就是郭子仪。他梦想有一天能像郭子仪那样不战而屈人之兵,解决宋朝与辽和西夏的边患。

那么,秦少游第二个偶像是谁呢?是晚唐杜牧。对此少游有明确的表白:"往吾少时,如杜牧之强志盛气,好大而见奇。读兵家书,乃与意合,谓功誉可力致,而天下无难事。顾今二虏有可胜之势,愿效至计,以行天诛,回幽夏之故墟,吊唐晋之遗人,流声无穷,为计不朽,岂不伟哉!"(陈师道《秦少游字序》引)

杜牧是一个大才子,又有经世之志。杜牧《郡斋独酌》诗云:"平生五色线,愿补舜衣裳。"小杜的表白令人想到杜甫"致君尧舜上,再使风俗淳"(《奉赠韦左丞丈二十二韵》)。杜牧最喜论兵,他写的《罪言》《原十六卫》《战论》《守论》等针对藩镇割据以来的问题,提出了切实可行的用兵方略。《孙子兵法》的十一家注本当中,有一家注,就是杜牧的注本。杜牧对自己的注本颇为自负。他的《自撰墓铭》说:"某平生好读书,为文亦不出人。曹公曰:'吾读兵书战策多矣,孙武深矣。'因注其书十三篇,乃曰:'上穷天时,下极人事,无以加也,后当有知之者。'"后世对杜牧的《孙子》注本评价甚高。清人李慈铭《越缦堂日记》论及《孙子》诸家注本说:"曹公、李筌以外,杜牧最优,证引古事,亦多切要,知樊川真用世之才,其《罪言》《原十六卫》等篇,不虚作也。"

　　杜牧为什么"上穷天时,下极人事",殚精竭虑为《孙子》作注呢? 他精研兵法的目的,意在成为一个定国安邦的人才。安史之乱之后,大唐王朝衰落,藩镇跋扈,西北河湟也被吐蕃侵占,杜牧梦想有一天能挂帅出征,吊民伐罪,为国家削平藩镇,收复河湟故地。

　　秦少游读杜牧的文章,想见杜牧的为人。所以少游在青年时期,对兵法是下了很大功夫的。他对《孙子兵法》反复的研读,就是以杜牧为榜样的,他意在当下,迫切想为消除辽和西夏的侵扰作出贡献。北宋王朝一直是一个挺不起腰杆的王朝。秦少游虽然是一介白衣秀士,一个乡村知识分子,但是"位卑未敢忘忧国"(陆游《病起书怀》),他强烈想保卫国家安全,解决边患。所以秦少游在他青年时期,本着杜牧那样的理想和壮志精研兵法,熟读《孙子兵法》。秦少游写的五十篇策论当中,有一组文字就是论兵的文字——《将帅》《奇兵》《辩士》《谋主》《兵法》等。秦少游并非纸上谈兵,他对兵法的论述切中肯綮,甚至可以说超过了他的老师东坡。就因为他心中有偶像,有偶像,他就有动力。

秦少游的第三个偶像是谁呢? 就是文章开头说过的——苏东坡。秦少游结识苏东坡,拜在东坡的门下。这对于他来说,是人生的一大幸事。东坡为当代国士文豪,秦少游从偶像身上找到了无穷的力量。秦少游在他三十岁之后,才学识又有了长足的进步,这和东坡的指点和勉励是分不开的。

最后我们归纳一下,少游一生当中,有三位偶像:第一是郭子仪,第二是杜牧,他们是唐代历史人物,秦少游从郭子仪、杜牧身上,找到了进取的精神,要以身许国,保护国家安全;第三是苏东坡,秦少游从他的恩师、他的偶像苏东坡身上也找到了一种国士的精神。在文学上他向老师学习,他以老师为标杆,写出了不朽的传世文字。所以秦少游能成为一代才子、无双国士,与偶像的力量至为密切。

秦少游与苏东坡的神交

秦少游与苏轼的定交颇有传奇色彩,说得唯心一点,冥冥中自有定数。在正式见面之前,二人已有神交。秦少游虽是淮海布衣,但关注当世之事。他拜读过当代文豪苏轼的文章,读其文而仰慕其人,乡贤孙觉又多次谈及苏轼,并将来往书信让少游寓目,少游萌生了拜在苏门的念头。但是苏轼乃朝廷命官,不是说见就能见的呀,得有机缘的。所谓心诚则灵,机缘终于来到了。

熙宁七年(1074)九月,苏轼由杭州通判升任密州知州,赴任的途中路过扬州。少游探听到这个消息,于是提前赶到扬州,在某寺庙(或许是大明寺,不能确定)的墙壁上,模仿苏轼的笔迹题了苏轼的一首诗。十月,苏轼由镇江到达扬州。在友人的陪同下,东坡畅游扬州的名胜古迹。突然在某寺庙墙壁上看到一首自己写的诗,他简直不敢相信自己的眼睛,笔迹竟是自己的笔迹,足可乱真。东坡惊诧莫名,是何人所为呢?此人必是当今名士!到了高邮,与老友孙觉相见,谈起扬州某寺庙墙壁的题诗,孙觉微微一笑,说:"我知道是谁。"他拿出少游诗词数百篇,东坡读之,叹赏不已,说:"在寺庙题诗的人就是秦郎啊!"从此,秦郎在他心里扎下了根。

这个故事有点像虚构的小说家言，其实是真实的。据宋释惠洪《冷斋夜话》卷一记载：

> 东坡初未识秦少游。少游知其将复过维扬，作坡笔语题壁于一山中寺。东坡果不能辨，大惊；及见孙莘老，出少游诗词数百篇，读之，乃叹曰："向书壁者，岂此郎邪？"

两年后，少游上京赶考，路过徐州拜望苏轼。苏轼向他披露了与他神交已久的印象："故人坐上见君文，谓是古人吁莫测。新诗说尽万物情，硬黄小字临黄庭。"（《次韵秦观秀才见赠，秦与孙莘老、李公择甚熟，将入京应举》）少游题壁，苏轼偶遇，自然有巧合的因素。但有一点是肯定的，少游以他的实力获得了苏轼的知赏！

秦少游与苏东坡的第一次见面

宋神宗元丰元年(1078),这一年秦少游三十岁,在他人生中是极不寻常的一年,他结识了生命中最重要的贵人——苏东坡。

元丰元年夏初,少游上京赶考,路过徐州,带着苏轼友人李公择的亲笔信去拜谒时任知州的苏轼。苏轼在两年前就在孙莘老那里读过秦少游的诗,神交已久。苏轼热情地接待了他,宾主相得甚欢。少游离开徐州的时候,献上了七古《别子瞻学士》:

> 人生异趣各有求,系风捕影只怀忧。
>
> 我独不愿万户侯,惟愿一识苏徐州。
>
> 徐州英伟非人力,世有高名擅区域。
>
> 珠树三株讵可攀? 玉海千寻真莫测。
>
> 一昨秋风动远情,便忆鲈鱼访洞庭。
>
> 芝兰不独庭中秀,松柏仍当雪后青。
>
> 故人持节过乡县,教以东来偿所愿。

天上麒麟昔漫闻，河东鸑鷟今才见。

不将俗物碍天真，北斗已南能几人？

八砖学士风标远，五马使君恩意新。

黄尘冥冥日月换，中有盈虚亦何算。

据龟食蛤暂相从，请结后期游汗漫。

"我独不愿万户侯，惟愿一识苏徐州"，令人联想到李白的《与韩荆州书》："生不愿封万户侯，但愿一识韩荆州。"不过彼此的出发点并不同，李白意在干谒，而少游意在拜师。在少游眼里，苏轼就是四海文章伯，玉海千寻，雅人深致。最难得的是，身在官场还能保持纯真的性情。"据龟食蛤暂相从，请结后期游汗漫。"最后表达拜师的意愿，仍从李白《月下独酌》"永结无情游，相期邈云汉"化出。

苏轼读了少游的诗，颇为之动容，和诗云：

夜光明月非所投，逢年遇合百无忧。

将军百战竟不侯，伯郎一斗得凉州。

翘关负重君无力，十年不入纷华域。

故人坐上见君文，谓是古人吁莫测。

新诗说尽万物情，硬黄小字临黄庭。

故人已去君未到，空吟河畔草青青。

谁谓他乡各异县，天遣君来破吾愿。

一闻君语识君心，短李髯孙眼中见。

江湖放浪久全真，忽然一鸣惊倒人。

纵横所值无不可，知君不怕新书新。

千金敝帚那堪换，我亦淹留岂长算！

山中既未决同归，我聊尔耳君其漫。

苏轼说啊，我不是什么明月夜光宝珠，你谬奖啦，但今天我们的遇合确是此生的缘分。人生的命运不可测，飞将军李广身经百战，竟不得封侯，孟佗以一斗葡萄酒就换得了凉州刺史。所以你啊不要气馁，说不定哪天就时来运转了。"翘关负重"是武人的事情，非你所长，你还是以文章打天下吧。"故人坐上见君文，谓是古人吁莫测。新诗说尽万物情，硬黄小字临黄庭。"当初我在孙莘老先生座上读到你的诗文，还以为是古人的文字呢。你是青钱万选之才，不仅文章好，书法也不同凡响。"一闻君语识君心，短李髯孙眼中见。"今天与你一见如故，诗如其人，完全印证了李公择、孙莘老两位先生对你的评价。一句"天遣君来破吾愿"，一锤定音，大有惺惺相惜、衣钵相传之意。

少游接着又去南都（商丘）拜访了苏辙。苏辙读了少游的诗，径直将他比作"谪仙人"（李白）。《次韵秦观秀才携李公择书相访》写道："清谈亹亹解人颐，安得座右长相见？狂客吾非贺季真，醉吟君似谪仙人。"

这一年少游进士落第，苏轼又赋诗相寄安慰他。《次韵参寥师寄秦太虚三绝句，时秦君举进士不得》：

秦郎文字固超然，汉武凭虚意欲仙。

底事秋来不得解？定中试与问诸天。

一尾追风抹万蹄，昆仑玄圃谓朝隮。

回看世上无伯乐，却道盐车胜月题。

得丧秋毫久已冥，不须闻此气峥嵘。

何妨却伴参寥子，无数新诗咳唾成。

　　苏轼将少游和西汉大手笔司马相如相提并论，充分肯定了他"文字超然"，又将他比作千里马，隐然以伯乐自比。兄弟同心，苏辙也将少游比作千里马："垂耳困盐车，捐金空买骨。"（《次韵秦观见寄》）苏氏兄弟皆以千里马赞誉少游，不排除为他延誉增重的怜才之意，但绝对不是廉价的吹捧。

秦少游与苏东坡的最后一次见面

　　元符三年（1100）正月哲宗薨逝，皇弟赵佶即位，是为徽宗。四月朝廷下诏叙复元祐臣僚，迁臣多内徙。苏轼从海南儋州量移廉州，北返将路过雷州，于是写信给少游，希望能见个面。就在这一年的六月二十五日，少游到海康与苏轼见了最后一面。

　　少游拿出自己的《自作挽词》请老师雅正。东坡夸奖他"齐死生，了物我，戏作此语"。师生把酒畅谈之后，就此别过。二十二年前，少游第一次到徐州谒见苏东坡，《别子瞻学士》诗云"请结后期游汗漫"，如今流落天涯，只能身后结伴"游汗漫"了，直可视为诗谶。临别之时，少游寄调《江城子》：

　　　　南来飞燕北归鸿，偶相逢，惨愁容。绿鬓朱颜重见两衰翁。别后悠悠君莫问，无限事，不言中。　　小槽春酒滴珠红，莫匆匆，满金钟。饮散落花流水各西东。后会不知何处是？烟浪远，暮云重。

这首词写得悲欣交集。悲的是造化弄人,命运坎坷。欣的是人生暮年,白首师生还能在天涯海角相会。这一年东坡六十四岁,少游五十二岁。师生历尽沧桑,"绿鬓朱颜"的意气风发已然一去不复返,这对师生在海康相会又匆匆地诀别,此后一南一北,一西一东,后会无期。世事无常,云谲波诡,一切尽在不言之中。"小槽春酒滴珠红,莫匆匆,满金钟。"还是痛饮美酒,一醉方休吧。

东坡与少游师生相交二十余年,迭经政治风浪而彼此心如磐石,之死靡它。少游与恩师相别之后,仍觉得有些话要表白,又写下了《赠苏子瞻》:

> 叹息苏子瞻,声名绝后先。衣冠传盛事,兄弟固多贤。
> 感慨诗三百,流离路八千。直心羞媚灶,忠力欲回天。
> 缧绁终非罪,江湖只自怜。饥寒常并日,疾病更连年。
> 明主无终弃,西州稍内迁。奏言深意苦,感涕内人传。
> 前席须宣室,非熊起渭川。君臣悦相遇,愿上角招篇。

所谓"感慨诗三百,流离路八千",又何尝不是对自己投荒万里的悲叹呢!"直心羞媚灶,忠力欲回天",旨在赞扬苏轼独立不迁的政治人格,又把他比作贾谊、姜太公,委实是对元祐党人的高度嘉许。看来,少游想说的是,他一直追随着老师,自始至终无悔于自己的政治选择。

秦少游在"苏门四学士"中的排名

　　秦少游与黄庭坚、晁补之、张耒合称"苏门四学士",都拜在苏东坡的门下。元祐五年之后,四人齐聚汴京,皆任职馆阁,游于苏门,世人呼之为"苏门四学士"。"四学士"皆为当世俊杰,才华出众。苏轼在给友人的信中说:"独于文人胜士,多获所欲,如黄庭坚鲁直、晁补之无咎、秦观太虚、张耒文潜之流,皆世未之知,而轼独先知之。"(《答李昭玘书》)四个人的名字齐刷刷地呈现出来。可见在东坡的心目中,"四学士"就是他最优秀的弟子。

　　苏门四学士的才气、成就与影响仍然是可以排名的。在"四学士"中,少游中进士最晚,列入东坡门墙的时间也最晚,但综合排名第二。第一是黄庭坚。我想这是没有什么疑义的。黄庭坚的诗瘦硬通神,戛戛独造,在诗坛上负有重名,与老师东坡并称"苏黄",乃江西诗派的开创者,影响深远,堪称一代诗宗。黄庭坚书法绝妙,是"北宋四大书法家"之一,与蔡襄、苏轼、米芾齐名。诗坛艺苑,领异标新,就凭这两条,黄庭坚稳居苏门大师兄的地位。秦少游对黄庭坚的才华十分钦佩,视之为"江南第一等人物"。《与参寥大师简》：

> 黄鲁直近从此赴太和令，来相访，为留两日，得渠新诗
> 一编，高古妙绝，吾属未有其比。仆顷不自揆，妄欲与之后
> 先而驱，今乃知不及远甚。其为人亦放此，盖江南第一等
> 人物也。

但寸有所长，尺有所短，秦少游也有超过黄庭坚的地方，一是曲子词。少游有一颗纯粹的词心，他的词音律谐婉，语言清丽，传唱天下，红极一时，被推为婉约派正宗。虽然词坛上并称"秦七黄九"，但山谷词的造诣委实不如淮海词，诚如李清照《词论》所说"良玉有瑕，价自减半"。这也是有定评的。二是策论。少游长于政论，颇得东坡真传。黄庭坚诗称"国士无双秦少游"，可见心悦诚服。倘再从民间的影响来看，秦少游的人气指数也在黄庭坚之上。民间一直流传着苏小妹三难秦学士的故事，说得有鼻子有眼的，情节虽然是虚构的，但江湖上的人气不容置疑，这说明人们喜欢他这位风流才子。若从师生感情来看，苏东坡最喜欢、最欣赏的弟子就是秦少游。四大弟子中，他结识少游最晚，但激赏少游的才华，一旦定交，就牢不可破。说到底，这也是缘分。

张耒可坐苏门第三把交椅。他长于诗，深得白居易的精髓，堪称北宋著名诗人。他的诗平易自然，言浅而意深，风格独树一帜。如《初见嵩山》："年来鞍马困尘埃，赖有青山豁我怀。日

暮北风吹雨去,数峰清瘦出云来。"《夜坐》:"庭户无人秋月明,
夜霜欲落气先清。梧桐直不甘衰谢,数叶迎风尚有声。"苏门四
学士数张耒活得最长。《宋史·张耒传》记载:"时二苏及黄庭坚、
晁补之辈相继没,耒独存,士人就学者众。"所以他是北宋末年
岿然独存的诗人,对南宋文学较有影响。

第四位则是晁补之。晁补之与苏轼相识最早,十七岁时就
以文章受知于苏门,并且在元祐七年与东坡一起共事于扬州,担
任东坡的助手,师生缘分不浅。晁补之在当时名气也不小,但从
整体上看,创作特色不太明显。他的词学东坡,走的是豪放派的
路子,他的词集《晁氏琴趣外篇》中还是有几首像样的作品的。
如《摸鱼儿》(东皋寓居):

> 买陂塘、旋栽杨柳,依稀淮岸江浦。东皋嘉雨新痕涨,
> 沙觜鹭来鸥聚。堪爱处,最好是、一川夜月光流渚。无人
> 独舞。任翠幄张天,柔茵藉地,酒尽未能去。   青绫被,
> 莫忆金闺故步。儒冠曾把身误。弓刀千骑成何事?荒了
> 邵平瓜圃。君试觑,满青镜、星星鬓影今如许!功名浪语。
> 便似得班超,封侯万里,归计恐迟暮。

其实,所谓的排名也是相对而言的,没有谁是绝对的第一,
也没有谁是绝对的倒数第一。最难得的是,苏门四学士相互推
重,交谊深厚,堪称文坛佳话。晁补之《饮酒二十首同苏翰林先
生次韵追和陶渊明》其二十:

黄子似渊明，城市亦复真。

陈君有道举，化行间井淳。

张侯公瑾流，英思春泉新。

高才更难及，淮海一髯秦。

嗟予竟何为，十驾晞后尘。

诗中点评了黄庭坚、陈师道、张耒、秦少游，皆堪称一时瑜亮，对少游的评价最高，而把自己垫底，以驽马十驾自比，显示了晁补之的谦逊。再看张耒《寄答参寥五首》其三：

秦子我所爱，词若秋风清。

萧萧吹毛发，肃肃爽我情。

精工造奥妙，宝铁镂瑶琼。

我虽见之晚，披豁尽平生。

他对秦少游的才华由衷地敬佩。

文游台四贤高会

高邮城东泰山庙附近有一座文游台,是江淮地区的风景名胜。文游台的外面有一个大牌坊,上面写着四个字"古文游台",出自清康熙年间著名文学家王士禛之手。看来这座台子来头不小啊!台既名"文游",则与文人的游赏雅集活动相关。不卖关子了,文游台啊委实因大才子苏轼、秦少游而得名。据《乾隆高邮州志》卷一《山川》记载:

> 文游台,在城东二里东岳庙后。宋苏轼过高邮,与寓贤王巩,郡人孙觉、秦观,载酒论文于此。时守以群贤毕集,颜曰"文游台",李伯时作图刻之石,以为淮堧名胜之地。后祠祀四贤于其上。中更兵毁,台浸以圮。宋淳熙王诇、嘉泰吴铸、开禧张革、明正德胡尧元来守是郡,皆修葺之。

话说元丰七年,苏轼政治上获得了新生,由黄州团练副使量移汝州。人身获得了自由,苏轼便一路走亲访友,这一年的冬天到了高邮,与少游相会。正好机缘凑巧,老友孙觉、寓贤王巩都在高邮。于是四个人便结伴郊游,不觉走到了东岳庙的高台上,登高望远,载酒论诗,酒酣耳热,快意平生。暮色苍然,四人犹盘桓在高台上……著名画家李公麟(字伯时)还画了一幅四贤雅集图,以纪一时盛事。

这个地方本来就是泰山庙所在,没有什么文名。但一经四贤登临赋诗,名气大振,于是被题名"文游台",流风余韵,袅袅不绝。曾几《文游台》诗云:"忆昔坡仙此地游,一时人物尽风流。香莼紫蟹供杯酌,彩笔银钩入唱酬。"曾几是南宋初期的诗人,陆游的老师。可见文游台在南渡之际名气已经很大了。曾几的诗形象描绘了东坡等四贤聚会的情景:"香莼紫蟹供杯酌,彩笔银钩入唱酬。"香莼紫蟹正是江淮的特产,他们酒酣耳热,手持蟹螯雄谈快论、泼墨挥毫的场景宛然如在目前。

清代康熙王朝最著名的诗人王士禛在扬州期间,曾多次来高邮,登文游台凭吊先贤,发思古之幽情。《秦邮杂诗八首》其二云:

> 国士无双秦少游,堂堂坡老醉黄州。
> 高台几废文章在,果是江河万古流。

《文游台怀古》三首:

文选楼空花可怜，文游台废水如烟。

昔人何处成今古，风景无心一惘然。

鸟啼花落几经春，步屧风流迹已陈。

五百年来如梦里，却从今日认前身。

野水浓花百尺台，淮南风物使心哀。

藤州阳羡人俱尽，惆怅扶筇我独来。

《登文游台放歌》：

玻璃江上谪仙人，东来万里辞峨岷。

熙宁元丰不得意，翩然戏弄淮南春。

龙图学士忤权要，祥符宰相余王孙。

黄楼一赋轶屈宋，无双国士推髯秦。

四公相逢向淮海，酒酣耳热气益振。

珠湖三十六陂泽，高台下瞰何嶙峋。

锦绣诗篇照天地，与台光景常鲜新。

……

　　这里还要引录高邮籍诗人李必恒的《文游台》："梧桐生朝阳，翙翙凤鸟至。惟贤斯召贤，莫之致而致。淮海天下才，磊落负奇气。命驾来苏公，崇丘此焉憩。孙王亦可人，谈笑幸相值。酒酣望终古，青天照残醉。想见掀髯时，峥嵘吐高议。胜事近千载,风流未坠地。谁云培塿卑,而作乔岳视。临川亦居停,遗迹无人识。怀古发长谣,霜风飒清吹。"李必恒对文游四贤作了尽情的礼赞。所谓"山势有高低,名声无大小",文游台论其高度,不过"培塿"而已,但因为此地与四贤结缘,则如凤鸟栖于梧桐,风流不坠,垂名千载。

王士禛、李必恒推尊秦少游为无双国士,向五百多年前的异代才子献上了一瓣心香。"五百年来如梦里,却从今日认前身",惺惺相惜之感溢于言表。高台有兴废,才名足千秋。时至今日,文游台已成为淮堧名胜之地,驰名天下。

秦少游的方外之交

秦少游对佛道颇有研究，虽然没有长斋绣佛，但归心禅悦，颇多方外之交，如辩才、道潜、显之等法师。他曾写下多篇寺院开堂疏文字，如《高邮长老开堂疏》《宝林寺开堂疏》《乾明开堂疏》《醴泉开堂疏》等，还撰有高僧塔铭、行状，如《庆禅师塔铭》《圆通禅师行状》等。录《高邮长老开堂疏》以窥一斑：

> 棒头取证，尤为瓦解冰消；喝下承当，未免龙头蛇尾。况乃不快漆桶，无孔铁锤。徒认影以迷头，但抱赃而叫屈。岂知填沟塞壑，无非碧眼胡僧；积岳堆山，尽是黄面老子。伏惟和尚脚根点地，鼻孔辽天。真匠子之钤锤，实作家之炉鞲。诸方举唱，要须十字纵横；大众证明，但看一场败阙。

此篇疏文善用禅宗当家语，驱使佛典流转笔端，嬉笑戏谑间，禅业机锋顿现。句法骈四俪六，对仗工稳，文气潇洒恣肆，形象生动地阐发了禅宗思想，可见出少游在佛学上的高深造诣。

在方外之交中，秦少游与道潜的交谊最深。请看《与参寥大师简》：

　　某顿首。懒慢滋甚，不奉问几一年，中间屡蒙惠书，赐责亦不加切，参寥师真知我者也。幸甚，幸甚！仆自去年还家，人事扰扰，所往还者，惟黄子理、子思家兄弟。子思又已分居，困于俗事。彦瞻每行县，辄得数日从游。此外但杜门块处而已，甚无佳兴。至秋得伤寒病甚重，食不下咽者七日。汗后月余食粥，畏风如见俗人。事事俱废，皆缘此也。比蒙录示黄州书并跋尾，幸甚！观其词意，忧患固未足以干其中，愈令人畏服尔。仆所《题名》，此却无本，烦嘱聪师写一通相寄为望，仍并苏公跋尾。前所寄者，已为端叔强取去矣。昨闻苏公就移滁州，然未知实耗；果然，甚易谋见也。盖此去滁才三程，公便可辍四明之游，来此偕往，琅玡山水亦不减雪窦天童之胜。子由春间过此，相从两日，仆送至南埭而还，后亦未尝得书。渠在扬州淹留甚久，时仆值寒食上冢，故不得往从之耳。莘老寿安君竟不起，子实遂丁忧。远方罹此祸故，殊可伤也。传师已闻作司农簿，声闻籍甚，恐旦夕得一美除。公择近亦得书，说秋初尝至汤泉，到寄老庵见显之，恨不与吾侪同此乐。显之恐数日间来此，为十数日之会，今已到天长矣。黄鲁直近从此赴太和令，来相访，为留两日，得渠新诗一编，高古妙绝，吾属未有其比。仆顷不自揆，妄欲与之后先而驱，今乃知不及远甚。其为人亦放此，盖江南第一等人物也。黄诗未有力尽翻去，且录数篇，尝一脔足知一鼎味也。又为仆手写两记，今封去，如辩才无择要入石，便可用此模勒。仆自病起，每把笔如仇，不知何谓。得此公为我书，殊增气也。其字差瘦，更为润色，开时令尽墨为妙，中间更未安及不是处，但请就改之。若开得成，嘱二师各寄数本。李端叔在楚，音问不绝，比如毗陵，过此相见极欢。扬州太守鲜于大夫，蜀人，甚贤有文。仆颇为其延礼，有唱和诗数篇，今录一通去，当一笑也。顷闻公不作诗，有一小诗奉戏，又已复破戒矣，可谓熟处难忘。聪师有书来要字序，仆近日无好意思，明年又应举，方欲就举子学时文，恐未有好言语。今但为渠取字曰"闻复"，盖取《楞严》所谓"闻复翳根除"者也。钱塘多文士，可求人为作，不必须仆也。蔡彦规已卒关中，今归葬山阳，可伤！朋友凋落如此，独有仆数人朴钝落魄者无恙，又多病少佳意，人世良可悲耳！何时合并，以尽此怀。不宣。

这封书简作于元丰三年庚申（1080），是少游友朋交往中写得最长的一封信，可见参寥在他心中的地位非同寻常。参寥大师，即道潜法师，参寥为其别号，於潜（今浙江杭州临安区）人，善诗，与苏东坡、秦少游皆为好友。这封信叙述了一年以来自己的身心状况、交游往还，文笔素朴本色，情意真挚深沉，感人至深。对老师苏轼的挂念，对黄庭坚才华的倾心折服，对友人慈母不幸离世的哀思，对未来欢会的期待，对朋友凋落的伤感，对自己落魄颓唐的悲凉，这些生活的琐屑，情感的断片，以一种惆怅的笔调缓缓写来，不仅不显得杂乱无章，反而真实自然，亲切有味，人世聚散无常、丰少屯多的无奈隐然寓于其中。林纾赞之："此简中叙无数事，却随节斩截，自关笔妙。"（《林氏选评名家文集·淮海集选》）这种妙笔，非关匠心巧运，实是出之真情，令人读之如晤故人，不厌终日。

道潜十分推重少游的才华，两人多有唱和。少游去世之后，道潜写了《哭少游学士》三首，长歌当哭：

江左有豪英，超骧世无伦。妙龄已述作，识造穷天人。
儒林老先生，相与为友宾。客来叩治乱，亹亹披霜筠。
波澜与枝叶，犹足夸后尘。青衫入仕初，十年争扶轮。
孤嘲可敌众，志郁不得伸。造物念流落，荐收付洪钧。
干将不许就，中昼如有神。七年投炎荒，日与山鬼邻。
妻孥各异土，相望同参辰。秋风吹黄茅，八月瘴雾新。
回车婴重疠，茕茕无与亲。中原尚杳隔，坟陇怀棘薪。
凄凉浯水头，魂逝归无因。精爽竟了了，挽章见情真。
流传到京阙，悲读闻缙绅。斯人倘不亡，光华国之珍。
彼苍未易晓，三叹鼻酸辛。

念子少年日，豪气吞九州。读书知突奥，游刃无全牛。
当时所献策，考致第一流。论高追贾谊，气胜凌马周。
胜理非空文，灼可资庙谋。危根易摇动，谓子不好修。
呜呼一齐人，奈彼众楚咻。孔门余四科，士岂一律求？
区区事屠钓，崛起为公侯。数奇信有命，君亦忘怨尤。
平生所著书，字字铿琳球。子道决不泯，千载传芳猷。

瓶盂客京口，仿佛熙宁末。君方驾扁舟，归来自苕霅。

中泠忽相值，倾盖忘楚越。禅挥庞老锋，辩鼓子贡舌。

连宵极名谈，江阁倚清绝。扣槛出鼍鼋，时取一笑发。

邗沟介淮海，济济多俊杰。良辰苦招要，结好从此设。

堂堂紫髯翁，道德冠前烈。风流广文先，炯炯事修洁。

老禅魁丛林，冠盖聚杂遝。三豪相继往，墓木叶屡脱。

子今复云亡，枯棋愈残缺。相逢旧好间，悲诧那忍说。

明年东下船，系缆竹西月。茗奠蜀冈南，弹指当永诀。

照理一个修道多年的大德名僧，应该早勘破了生死。但是道潜对少游之死却非常悲痛，悲情就像决堤的洪水奔流。道潜痛惜少游的绝世之才和不幸遭遇。

在道潜的眼里，秦少游是当世奇才，"豪气吞九州"，"光华国之珍"，他的学殖深厚，见识超群，通晓当世之务，是贾谊、马周之一流人物。他的策论"胜理非空文，灼可资庙谋"。但那些礼法之士有求全之毁，罗织纷纷，秦少游也就中枪了，使他投荒万里，与山鬼为邻。道潜不禁要问："孔门余四科，士岂一律求？"连你们的圣人孔子都承认这个世上人心如面，各有所长，根本就没有完美的人，为什么要对少游道德绑架呢？参寥深情回忆了当年在京口（镇江）与少游邂逅、雄谈快论的情景。而今友人们一个一个地物化，如一局残棋，再也无法回复了。"明年东下船，系缆竹西月。茗奠蜀冈南，弹指当永诀。"道潜诀别少游，泪如雨下的悲恸仿佛浮现在眼前。

第三编

婉约词宗秦少游

少游笔下微型的「扬州赋」

山抹微云秦学士

一帘幽梦说柔情

直把词心抒入骨

清夜悠悠梅花弄

天还知道，和天也瘦

雅燕飞觞，清谈挥麈

秦少游对琼花的咏叹

少游跟小师母开了一个玩笑

秦少游为女性代言

无奈归心，暗随流水到天涯

最难忘的金明池

寻找生命的桃花源

飞红万点愁如海

湘女多情，长沙绝恋

投荒梦破鼠窥灯

《踏莎行》与三绝碑

《鹊桥仙》为谁而歌？

醉乡广大人间小

少游醉卧古藤下

曹雪芹眼里的秦少游

《行香子》不是秦少游的词

香囊暗解最销魂，越艳清歌侍绿尊。

直把词心抒入骨，春来拭遍玉梨痕。

——题秦少游《淮海居士长短句》

直把词心抒入骨

我有一首论词绝句题品秦少游《淮海词》："香囊暗解最销魂，越艳清歌侍绿尊。直把词心抒入骨，春来拭遍玉梨痕。"

秦少游是北宋中期当红词人，风靡词坛。少游《淮海居士长短句》的题材主要有两大类：一是爱情，二是贬谪。这两类题材的名作甚多。如《鹊桥仙》（纤云弄巧）、《满庭芳》（山抹微云）、《踏莎行》（雾失楼台）、《八六子》（倚危亭）、《望海潮》（梅英疏淡）、《千秋岁》（水边沙外）、《浣溪沙》（漠漠轻寒上小楼）、《江城子》（西城杨柳弄春柔）等，是广为流传的宋词经典。

清人王士禛还追和了秦少游的《蝶恋花》。词云：

> 啼碎春光莺燕语。一片花飞，又是天将暮。欲乞放晴春不许。黄昏更下廉纤雨。　　春去应知郎去处。好属春光，共向郎边去。毕竟春归人独住。澹烟芳草千重路。

对照一下少游《蝶恋花》原唱：

晓日窥轩双燕语。似与佳人，共惜春将暮。屈指艳阳都几许。可无时霎闲风雨？　　流水落花无问处。只有飞云，冉冉来还去。持酒劝云云且住。凭君碍断春归路。

老实说，王士禛的次韵不如少游原唱，它的意义在于向风流秦淮海献上了一瓣心香。值得注意的是，王士禛的《蝶恋花》采用的是次韵的方式——酬唱中最难的一种，也就是说每一个韵脚都与原唱一样，并且每一个韵脚的次序都一致。

少游词有的还被谱写成现代流行歌曲，传唱于歌坛，如邓丽君演唱的《清夜悠悠》，汪明荃、徐千雅各自演绎的《鹊桥仙》等，歌词都是秦少游的曲子词。清人冯煦《蒿庵论词》："他人之词，词才也；少游，词心也。"近人夏敬观说："少游词清丽婉约，辞情相称，诵之回肠荡气，自是词中上品"，"纯乎词人之词"。（映庵手校《淮海词跋》）少游有一颗词心，他的词是从心灵深处流淌出来的。台静农先生《中国文学史》说得好："秦观的词之能杰出于一代者，正由其生命的热力，发而为哀乐的歌声。……他的词不如苏词豪放，襟怀也不如苏轼高旷，然婉丽与情韵，则非苏词所及。"从艺术上看，秦少游的《淮海词》语工而入律，情韵兼胜，高雅清丽，可称词家正音、婉约派正宗。

《淮海居士长短句》最早的版本是南宋孝宗乾道年间高邮军学本，简称"乾道本"，是迄今为止所见最完整的宋本。目前最通行的版本是徐培均先生整理的《淮海居士长短句笺注》，此书考辨精审，笺注深入浅出，享誉学界。

一帘幽梦说柔情

琼瑶有一部言情小说叫《一帘幽梦》，题目很美，很朦胧，很魅惑。琼瑶精通古典诗词，小说的题目好多脱胎于诗词，如《在水一方》《心有千千结》《雁儿在林梢》等，《一帘幽梦》则出自秦少游的《八六子》"夜月一帘幽梦"。看来，琼瑶对咱高邮才子秦少游很高看啊！这首词是怀念扬州歌女的。这个不要奇怪，宋代是歌儿舞女的时代，很多才子与歌女都有故事的。

秦少游在中进士之前，经常出游扬州，可以说他的曲子词是先从扬州红起来的，扬州就是他一代词宗的发祥地。《八六子》大约写于元丰三年。

> 倚危亭。恨如芳草，萋萋刬尽还生。念柳外青骢别后，水边红袂分时，怆然暗惊。　　无端天与娉婷。夜月一帘幽梦，春风十里柔情。怎奈向、欢娱渐随流水，素弦声断，翠绡香减，那堪片片飞花弄晚，蒙蒙残雨笼晴。正销凝，黄鹂又啼数声。

《八六子》这个词调是晚唐诗人杜牧所创,杜牧在扬州演绎了不少浪漫的爱情故事,所谓"十年一觉扬州梦,赢得青楼薄幸名"(《遣怀》)。我们前面说过,杜牧是秦少游心中的偶像,用偶像的词调作一首新词,抒写扬州恋情,从某种意义上说,就是向异代知音献上一瓣心香。从艺术上说,少游的《八六子》有出蓝之妙。

水流无限是柔情,邗沟运河的水波在词人的心中荡漾,软化着他的心,他登高远眺,绵绵的芳草勾起了他心中无尽的怅惘。那一年的春天,我骑着青骢马,她穿着红绣裙,在杨柳依依的水边分别,从此再也没有相见,陡然回首,仿佛已经遥远。但记忆的闸门一经打开,就再也关不上了,甜蜜的往事涌上心来。那年在扬州的欢场邂逅,她呀有着袅袅婷婷的魔鬼身材,秋波流韵,我对她一见钟情。那晚的欢爱说不尽的缠绵,数不尽的柔情,如梦如幻……欢娱总是短暂的,分别倏然在眼前,就像那琴声戛然而止。美人定情的手帕香味还在,却渐渐地淡、渐渐地少了。如今又是暮春时节。"片片飞花弄晚,蒙蒙残雨笼晴",一派凄迷的景色。心中的恋人又在哪里呢?正在凝神思念,黄鹂又啼叫了几声,似乎在告诉我又是一年的春天归去了。相见无期,柔情依旧。一帘幽梦,永远定格在心里!

最后链接一下杜牧的《八六子》:

洞房深。画屏灯照,山色凝翠沉沉。听夜雨、冷滴芭蕉,惊断红窗好梦,龙烟细飘绣衾。　　辞恩久归长信。凤帐萧疏,椒殿闲扃。辇路苔侵。绣帘垂,迟迟漏传丹禁。蕣华偷悴,翠鬟羞整。愁坐望处金舆渐远,何时彩仗重临?正销魂,梧桐又移翠阴。

这是一首宫怨词,假托汉代班婕妤的口吻,抒写宫中妃嫔的苦闷。幽深的房间里,灯照着屏风,屏风上翠绿的山有些暗淡。夜雨潇潇,冷滴芭蕉,雨声将梦中人惊醒,这个"红窗好梦"该是承受君王的雨露恩宠的美梦吧。梦醒来,龙麝的熏香还在锦被上微微地飘动,给人一丝暖意。自从我辞别君王的恩宠,来到长信宫侍奉太后,一切归于寂寞。我的凤帐萧疏了,我的宫殿总是关着门。君王辇车来的路已经长满了青苔。绣帘低垂,听着铜壶滴漏的声音,孤枕难眠,一直到天亮。青春的容颜偷偷地憔悴了,首如飞蓬也懒得打理。一天到晚只是愁苦地坐着,君王的车渐行渐远,什么时候他的彩仗能够重新降临呢?正在为情所苦、魂魄离散的时候,梧桐树的影子又转移了,天色已黄昏。这首词对深宫大院的嫔妃有着深挚的同情。一句"辇路苔侵"满蕴着无尽的绝望,"彩仗重临"又是对君王雨露恩波无尽的渴望。杜牧此词堪称佳作,对皇家后宫的心事揣摩得细致入微。不过,杜牧写的毕竟是人家后宫的感情,与自己没有什么关涉,也就掀不起太多的感情波澜。而少游《八六子》抒写的是自己的恋情,有着浪漫、感伤的情感体验,因而在杜牧原唱的基础上能推陈出新。

山抹微云秦学士

秦少游早年游历扬州、越州、汴京、洛阳等地,征歌逐舞,与歌妓相恋,写了不少缠绵哀婉、动人心魄的词作。《满庭芳》就是当时传唱极盛的流行歌曲:

> 山抹微云,天黏衰草,画角声断谯门。暂停征棹,聊共引离樽。多少蓬莱旧事,空回首、烟霭纷纷。斜阳外,寒鸦万点,流水绕孤村。　　销魂。当此际,香囊暗解,罗带轻分。谩赢得青楼、薄幸名存。此去何时见也?襟袖上、空惹啼痕。伤情处,高城望断,灯火已黄昏。

苏东坡激赏此词,曾戏谑秦少游说:"山抹微云秦学士,露花倒影柳屯田。"将他与"凡有井水饮处,即能歌柳词"的大词人柳永相提并论。"山抹微云",倾倒一世,简直成了少游的招牌曲。他的女婿范温竟自称"'山抹微云'女婿"以抬高身价。据宋人蔡絛《铁围山丛谈》卷四记载:

范内翰祖禹作《唐鉴》，名重天下，坐党锢事久之。其幼子温，字元实，与吾善。……温尝预贵人家会，贵人有侍儿，善歌秦少游长短句，坐间略不顾温。温亦谨，不敢吐一语。及酒酣欢洽，侍儿者始问："此郎何人耶？"温遽起，叉手而对曰："某乃'山抹微云'女婿也。"闻者多绝倒。

元丰二年（1079）的五月，秦少游到越州（今绍兴）省亲，看望他的祖父和叔父，在越州盘桓了近八个月，岁暮才离去。越州知州程师孟非常礼遇这个才华绝世的年轻人，将他安排在蓬莱阁，州府有重要的宴会，都邀请他参加，这样他就有机会亲密接触到越艳——美丽的官妓，就像他诗里写的那样："吴歌送酒随流急，越艳浮花转曲迟"（《次韵公辟会流觞亭》）。他和其中的一个相爱了，所谓"多少蓬莱旧事"，就是指他和歌女的恋情。这一点秦少游略无隐讳。《满江红·姝丽》：

越艳风流，占天上、人间第一。须信道、绝尘标致，倾城颜色。翠绾垂螺双髻小，柳柔花媚娇无力。笑从来、到处只闻名，今相识。　　脸儿美，鞋儿窄。玉纤嫩，酥胸白。自觉愁肠搅乱，坐中狂客。《金缕》和杯曾有分，宝钗落枕知何日？谩从今、一点在心头，空成忆。

少游歌词里的"越艳"是一个绝色的女子，体态妖娆，令人欲罢不能。少游曾与她一起唱《金缕》，一起把盏，可是何时能琴瑟和谐,巫山云雨呢?只怕留下的是永久的遗憾吧。

《别程公辟给事》诗云:"人物风流推镇东,夕郎持节作元戎。樽前倦客刘师命,月下清歌盛小丛。裘敝黑貂霜正急,书传黄犬岁将穷。买舟江上辞公去,回首蓬莱梦寐中。"盛小丛是唐代越州的著名歌女。少游以盛小丛比蓬莱阁的恋人,可见才貌歌舞确实非同寻常,难怪他那么动情,眷眷难以割舍。

《满庭芳》写于元丰二年的岁暮,即与恋人分手之际。与其说是分别,不如说是诀别,这段情注定是一个无言的结局。一来少游还是白衣秀士,没有功名;二来宋代官妓有专门的户籍管理,必须脱籍才可以婚嫁。秦少游带着惆怅的身世之感,写了这首词。

上片写分别之境,景中含情。龙山上涂抹了一缕缕清淡的云,仿佛美人卓文君的远山眉,那一望无垠的枯草向天边伸展,与天紧紧相连。天色渐暗,城楼上的号角已经吹过了。水边系着归舟,即将远行的人儿一杯接一杯地喝着饯行酒。蓬莱阁里一幕幕美丽的往事如烟雾一样聚拢,终又归于模糊。想象着归去的水路上,夕阳西下,寒鸦万点上下翻飞,河流绕着孤村,一个人孤零零的,如梦如幻,无尽凄迷。下片追怀分别之情。词人黯然销魂,临别之际,解下香囊赠给恋人留作纪念,罗带同心结未成,只能分手,徒然像杜牧一样走马章台赢得青楼薄情的名声。一别之后,何时再相见呢?不觉泪下沾襟。正在感伤,回头看高城,已消失在昏黄的灯火中。

清人周济《宋四家词选》评此词说:"将身世之感,打并入艳情，又是一法。"少游功名不就，无力安排这段爱情，因为相见无期，没有未来，这首词满蕴着感伤。

少游的这首《满庭芳》唱遍歌楼，甚至贩夫走卒皆能歌之。相传《满庭芳》在宋代还有一个变异的版本呢。宋吴曾《能改斋漫录》卷十六记载：

> 杭之西湖，有一倅闲唱少游《满庭芳》，偶然误举一韵云："画角声断斜阳。"妓琴操在侧曰："画角声断谯门，非斜阳也。"倅因戏之曰："尔可改韵否？"琴即改作阳字韵云："山抹微云，天连衰草，画角声断斜阳。暂停征辔，聊共饮离觞。多少蓬莱旧侣，频回首、烟霭茫茫。孤村里，寒鸦万点，流水绕低墙。　魂伤。当此际，轻分罗带，暗解香囊。漫赢得青楼、薄幸名狂。此去何时见也？襟袖上、空有余香。伤心处，高城望断，灯火已昏黄。"

连看守杭州城门的老兵都能唱少游的《满庭芳》，确实是时尚的流行歌曲啊！更为难得的是歌妓琴操能将错就错，演绎出一个新的版本《满庭芳》，倘非工于音律，深造有得，岂能至此！

少游《满庭芳》意境的感伤优美与声韵的和婉美妙结合得非常完美。可惜北宋的工尺谱失传了，不能恢复它原初的音乐状态。但书法可以有音乐的表现力，书法无声的线条与音乐的流动有异曲同工之妙。董其昌是晚明书画艺术的一代宗师，他书写的《满庭芳》法书，可以说大大抬高了秦少游的身价，秦词董字,洵称双璧。用心揣摩一下,我们发现董其昌书法线条的清丽柔美、墨色的浓淡、映带的虚实、布局的匀称合度,竟与少游词的意境绾合得天衣无缝,优美的书风与婉约的词境相得益彰,合之双美。没有董其昌的字之前,人们欣赏到的《满庭芳》是声情之美,有了董其昌的字,《满庭芳》又获得了新的艺术形式,越发熠熠生辉! 至今高邮文游台还悬挂着"山抹微云"的匾额,就是出自董其昌的手笔。

清夜悠悠梅花弄

邓丽君有一个中国古典诗词歌曲专辑，从《诗经·秦风·蒹葭》一路唱下来，到唐诗宋词，都是经典诗词的演绎，真真是美不胜收！其中有一首《清夜悠悠》就是秦少游的词《桃源忆故人》。古往今来诗人墨客如恒河沙数，只有极少数作品被一代音乐女王演绎，所以秦少游不简单！《桃源忆故人》这个词牌是写艳情相思的。怎么见得呢？"桃源"是神女聚集的仙境，出自刘义庆《幽明录》。相传东汉时，剡县青年刘晨、阮肇入天台山取谷皮，迷不得返，粮食乏绝，遥望山上有桃树，结着蟠桃，攀援而上，各啖数枚。翻过山在溪水边，遇到两位女子，姿质妙绝，相邀还家，设宴款待，酒酣作乐。当晚刘晨、阮肇与两位女子各自结成夫妻。居半年求归。既出，亲旧零落，邑屋改易，无相识，问讯，得七世孙。桃源遇仙的故事影响很大，宋词中《阮郎归》（又名《醉桃源》）、《桃源忆故人》这两个词调都出自这个故事。宋词中"桃源"这个典故，多写才子走马章台、流连欢场的艳遇。我们一起来看看这首词：

玉楼深锁薄情种,清夜悠悠谁共。羞见枕衾鸳凤,闷即和衣拥。　　无端画角严城动,惊破一番新梦。窗外月华霜重,听彻梅花弄。

　　这首词写的是冬夜的闺怨,是以女性的口吻写的。秦少游最懂女人心了,可以说是女性心声的代言人。"桃源忆故人"的"故人"不是别人,就是自己的情郎。情郎深夜不归,一定是被羁绊在"桃源"——哪个相好的玉楼了吧。"薄情种"意思就像"冤家",爱极而恨之语。薄情的人儿你不回来,谁伴我度过清冷的漫漫长夜呢。枕头呀,被子呀,上面绣的全是鸳鸯啊、凤凰啊,成双成对的,我羞羞的都怕看见,陡然一瞅便勾起我的心思。孤枕难眠,和衣而拥,闷闷地睡去。正在做梦,梦境呀好个新美,却被高高的城头画角声惊醒。窗外月色如霜,传来阵阵《梅花三弄》的琴曲,凝神听着一直到天亮。"一番新梦"是什么梦呢? 又为什么"听彻梅花弄"呢? 新梦与梅花相伴,看来这个梦是有憧憬的。"听彻梅花弄",用情之执着令人联想到南唐中主李璟"小楼吹彻玉笙寒"(《摊破浣溪沙》),冬夜耿耿不寐之情状宛然如在目前。

　　古典的《梅花三弄》是乐府名曲,凡三叠,故称三弄。秦少游对这个曲子情有所钟,《青门饮》云"严城画角,梅花三奏"。北宋时期的《梅花三弄》如何演奏,声情又是如何,已不得而知。当代情歌王子姜育恒有一首同名的《梅花三弄》流行歌曲,唱得沉醉入骨:

红尘自有痴情者,莫笑痴情太痴狂。

若非一番寒彻骨,哪得梅花扑鼻香。

问世间情为何物,直教人生死相许。

看人间多少故事,最销魂梅花三弄。

梅花一弄断人肠,梅花二弄费思量。

梅花三弄风波起,云烟深处水茫茫。

……

听着他的歌,再重温少游的《桃源忆故人》和邓丽君的《清夜悠悠》,不觉令人心折。

天还知道，和天也瘦

秦少游对歌妓有一种深挚的同情和爱恋，就像白居易《琵琶行》说的那样"同是天涯沦落人，相逢何必曾相识"。《水龙吟》这首词就是元祐五年春离开蔡州去汴京之际赠给歌妓娄琬的。据曾慥《高斋诗话》记载："秦少游在蔡州，与营妓娄琬字东玉者甚密，赠之词云'小楼连苑横空'，又云'玉佩丁东别后'者是也。"请看《水龙吟》：

> 小楼连苑横空，下窥绣毂雕鞍骤。朱帘半卷，单衣初试，清明时候。破暖轻风，弄晴微雨，欲无还有。卖花声过尽、斜阳院落，红成阵，飞鸳甃。 玉珮丁东别后，怅佳期、参差难又。名缰利锁，天还知道，和天也瘦。花下重门，柳边深巷，不堪回首。念多情但有，当时皓月，向人依旧。

这首词就像一对情侣吻别时的对唱。上片从女方着笔。她在小楼上伫立，目送着情郎骑着骏马远去。轻风微雨，暮春时节，那和煦的春风吹动她的心，那阵阵卖花声勾起她甜蜜的回忆,那漫飞的落花触动她青春的迟暮。

下片从男方着笔,抒发分别后佳期难再的愁苦。他恨自己被"名缰利锁"束缚,不能与心上人长相厮守。仕途与情感是一个矛盾,这个矛盾一直折磨着他的身心。他消瘦了,憔悴了,真真是"天还知道,和天也瘦"。情缘难继,剩下的只能是回忆。"花下重门,柳边深巷"是他们曾经约会的地方,几多欢乐,几多甜蜜,而如今却"不堪回首"。月色还是旧时皎洁的月色,但爱已成往事。

关于这首词还有一个小故事。据陈鹄《耆旧续闻》卷八记载:"伊川尝见秦少游词'天还知道,和天也瘦'之句,乃曰:'高高在上,岂可以此渎上帝?'"王楙《野客丛书》卷二十:"又少游词'天还知道,和天也瘦'之语,伊川先生闻之,以为媟渎上天。是则然矣。"伊川指理学家程颐。他抓住"天还知道,和天也瘦"两句讥讽少游亵渎上天。"天还知道,和天也瘦"本是宋词中不可多得的名句,用情极深,从李贺《金铜仙人辞汉歌》"天若有情天亦老"化出来的。老实说,程颐此举非常可笑,证明他属于"感情已经冰结的思想家",对风雅之道实少解会,令人联想到当今的一首流行歌曲《法海你不懂爱》。

雅燕飞觞，清谈挥麈

宋人爱饮茶，茶文化在宋代士大夫阶层颇为盛行。秦少游这首《满庭芳》茶词可以帮助我们了解宋人的茶艺与茶道。录词如下：

> 雅燕飞觞，清谈挥麈，使君高会群贤。密云双凤，初破缕金团。窗外炉烟似动，开瓶试、一品香泉。轻淘起，香生玉尘，雪溅紫瓯圆。　　娇鬟，宜美盼，双擎翠袖，稳步红莲。坐中客翻愁，酒醒歌阑。点上纱笼画烛，花骢弄、月影当轩。频相顾，余欢未尽，欲去且留连。

这首词写于元祐三年，少游担任蔡州教授，参与郡守向宗回的宴会时。"雅燕飞觞，清谈挥麈"，呈现出一幅名士雅集的画面。"雅燕"就是高雅的宴会。"飞觞"即举杯饮酒，李白有"飞羽觞以醉月"的名句。名士们觥筹交错，饮酒之后，继之以清谈，仿佛回到了魏晋，挥动着拂尘清谈名理，尽显名士风流。

使君召集的宴会，高朋满座，有美酒，岂能没有佳茗？不言茶,而茶已经呼之欲出。"密云双凤,初破缕金团。""密云"是指密云龙,又称密云团,"双凤"则指大小凤团,均为茶饼,贡茶中的极品。据《能改斋漫录》卷十五引《画墁录》:

> 丁晋公(谓)为转运使,始制为凤团,后又为龙团,岁贡不过四十饼。天圣中,又为小团,其饼迥加于大团。熙宁末,神宗有旨,下建州制密云龙,其饼又加于小团。

"缕金"指茶饼上钩画的花纹。欧阳修《归田录》卷二:"茶之品,莫贵于龙凤,谓之团茶……宫人往往缕金花于其上,盖其贵重如此。"苏轼《行香子·咏茶》:"看分月饼,黄金缕,密云龙。"到底是皇家贡品,龙凤团茶的外观也包装得非常精致典雅,配得上极品的内质。

向宗回是神宗皇后的亲弟弟,当朝国舅爷,自然有机会出入皇宫,获得皇家赏赐的密云龙。少游此词细致地描写了茶艺:"密云双凤,初破缕金团"指备茶,"破"就是擘开茶饼,研成碎末;"窗外炉烟似动,开瓶试、一品香泉"是取火、候汤,还特地强调了水的品质"一品香泉";"轻淘起,香生玉尘,雪溅紫瓯圆"则指烹茶过程中调膏、冲点击拂、观汤花、闻香、分茶的流程;"娇鬟,宜美盼,双擎翠袖,稳步红莲"指美丽的歌妓秋波流盼,轻移莲步,给客人们端茶,"红莲"指女子轻盈的脚步,所谓"步步生莲花"。

对娇娃,饮佳茗,忽觉良夜苦短。"坐中客翻愁,酒醒歌阑。"一个"愁"字活画出了客人乐不思归的神情。最后写主人送客,

"点上纱笼画烛"为客人引路。坐骑("花骢")似乎也善解人意，在月下弄影不肯离去。主人情重，客人留连，更加显得宾主的相得。

"雅燕飞觞，清谈挥麈。"诗人词人即茶人。从这首词，我们可以了解到茶文化是宋代文人社交活动的重要方式，尽显高雅和风流。

少游笔下微型的"扬州赋"

扬州是江淮一大都会,正所谓"东南淮海惟扬州"。扬州也是少游的福地,他对扬州的名胜非常熟悉。元丰三年春,他在给友人李乐天的书简中说:

> 时复扁舟,循邗沟而南,以适广陵,泛九曲池,访隋氏陈迹,入大明寺,饮蜀井,上平山堂,折欧阳文忠所种柳,而诵其所赋诗,为之喟然以叹。遂登摘星寺。寺,迷楼故址也,其地最高,金陵、海门诸山,历历皆在履下。其览眺所得,佳处不减会稽望海亭,但制度差小耳。仆每登此,窃心悲而乐之。

少游的父执王观写有《扬州赋》,模仿司马相如的《子虚》《上林》,铺陈扬州的繁华。那么,在少游的眼里,扬州这座古城什么样子呢?他的《望海潮》堪称一篇微型的"扬州赋"。

> 星分牛斗,疆连淮海,扬州万井提封。花发路香,莺啼

人起，珠帘十里东风。豪俊气如虹。曳照春金紫，飞盖相从。巷入垂杨，画桥南北翠烟中。　　追思故国繁雄：有迷楼挂斗，月观横空。纹锦制帆，明珠溅雨，宁论爵马鱼龙！往事逐孤鸿。但乱云流水，萦带离宫。最好挥毫万字，一饮挤千钟。

　　首先仰观天象，扬州处于牛斗二宿的分野，其次俯察地理，北据淮，南据海。北宋的扬州是淮左名都，所谓"万井提封"，就是城市人口稠密。扬城风景优美，一派鸟语花香，更兼风流薮泽，令人不觉穿越到"春风十里扬州路，卷上珠帘总不如"的大唐淮南节度使府所在地。有道是"美人如玉剑如虹"，那些豪俊之士从八方汇聚到扬州。还有衣冠楚楚的王孙贵族，高车大马，驰骋在都市里。走街串巷，再从深深古巷走向绿杨如荫的运河边，丝丝杨柳拂面，真个是画桥南北，翠烟迷离，美哉绿杨城郭！

　　扬州这座古城源远流长，曾经是隋朝的陪都，少游笔下的"故国繁雄"的"故国"就是故都。在这座东南都会，不知上演了多少故事，不知有多少名胜，不知有多少人物，最让人追思的是隋炀帝，他与扬州城结下了不解之缘。一霎时眼前仿佛矗立着高耸的迷楼和横空的月观，令人登高望远，流连忘返。"纹锦制帆"让人想起李商隐《隋宫》的诗句"玉玺不缘归日角，锦帆应是到天涯"，隋炀帝乘坐水殿龙舟沿运河南下，锦帆高挂的壮观画面仿佛浮现在眼前。"明珠溅雨"意谓明珠宝贝被随意抛掷，奢靡与浪费令人扼腕。但这一切都已经销蚀在历史的荒烟蔓草中了。"乱云流水，萦带离宫"，一世之雄而今安在哉？追思扬州的盛衰沧桑，怎能不感慨万千？还是挥毫万字，一饮千钟吧。

少游这首词赋写了扬州城的美丽和繁华，特别写到了隋炀帝，意在反思历史，告诫统治者，不能贪图享乐。如今的扬州城是一座古典文化与现代文明交相辉映的城市，少游地下有知，定能铺采摘文，写出典丽风华的扬州赋吧。

秦少游对琼花的咏叹

　　春天到扬州,不看琼花,等于没来扬州。相传当年隋炀帝开运河,造龙舟,为的就是到扬州一睹琼花的风采。传说归传说,不必当真,但有一点不容置疑,隋炀帝确实是懂得审美的,虽然在世人的眼里他是奢靡的昏君。

　　琼花是扬州独有的仙葩,有道是"维扬一株花,四海无同类",其标格可与牡丹媲美,所谓"玉容偏雅淡,国色自清腴"。自从宋初诗人王禹偁咏扬州后土祠琼花以来,琼花之作不绝如缕,韩琦、欧阳修、刘敞、鲜于侁、王令、苏轼、秦少游、何梦桂等都有咏叹,尤其是欧阳修推尊琼花,视之为天下无双,在后土祠建无双亭,赋诗云:"曾向无双亭下醉,自知不负广陵春。"(《答许发运见寄》)元丰年间,秦少游曾到后土祠观赏琼花。《次韵蔡子骏琼花》诗云:"无双亭上传觞处,最惜人归月上时。相见异乡心欲绝,可怜花与月应知。"我们再看秦少游的《醉蓬莱》:

　　　　见扬州独有,天下无双,号为琼树。占断天风,岁花开
　　两次。九朵一苞,攒成环玉,心似珠玑缀。瓣瓣玲珑,枝枝

洁净,世上无花类。　　冷露朝凝,香风远送,信是琼瑶贵。料得天宫有,此地久难留住。翰苑才人,贵家公子,都要看花去。莫吝金钱,好寻诗伴,日日花前醉。

　　少游此词除了对琼花有"扬州独有,天下无双"等类似前人的赞叹,更吸引人的是对琼花的形状意态有细致的描摹:"九朵一苞,攒成环玉,心似珠玑缀。瓣瓣玲珑,枝枝洁净,世上无花类。"琼花又称聚八仙,自成环形,洁白如玉,玲珑剔透。在词人的眼里,琼花心有灵犀,似珠玑缀成,绝非凡品可比。琼花如此名贵,词人不禁想象:这般琼枝玉树恐怕只有天宫有吧,那么她在人间也非久长吧。既然仙葩难久驻,不如及时欣赏,"日日花前醉"。真个为花痴狂!

　　秦少游此词在《淮海居士长短句》中并非传唱的曲子,但因为它为琼花传神写照,所以显得珍贵。物换星移,时代变迁,但琼花依然是扬州的琼花,她的根深深扎在扬州的土地上,是扬州历史文明的见证者。琼花是扬州的市花,是扬州的城市意象!

少游跟小师母开了一个玩笑

苏东坡自称"我是风流帅",他的门人弟子也是当世一流俊彦,师生相处颇有魏晋风度,不拘泥于礼法,有时可以随意地开玩笑。秦少游《淮海居士长短句》中有一首《南歌子》就跟小师母王朝云开了个玩笑。词的题目就叫"赠东坡侍妾朝云"。词写得有些香艳:

> 霭霭凝春态,溶溶媚晓光。何期容易下巫阳,只恐使君前世是襄王。　　暂为清歌驻,还因暮雨忙。瞥然归去断人肠,空使兰台公子赋高唐。

这首词当写于元祐六年(1091)。这一年三月,苏东坡从杭州调任汴京,闰八月以后又出京知颍州,大约有半年时间待在汴京。那时苏门四学士除了晁补之在扬州通判任,黄庭坚、秦少游、张耒齐集京城,都在馆阁任职,公务余暇他们经常到老师苏东坡家里做客,师生关系非常亲密,谑浪笑傲,无所不至。因为是自己人,东坡也不避嫌疑,让侍妾王朝云一起参加他们师徒的雅集。

王朝云曾是钱塘名妓,能歌善舞,清丽脱俗,她的参与使雅集生色不少。对苏门弟子而言,朝云的身份是"小师母",但一来师生关系非同一般,二来与小师母年龄相差不是太大,也就不受礼法的拘束,可以轻松地幽默一把。东坡也很放得开,弟子们都是当今名士,才华了得,他就让朝云当场向他们索诗索词。这首《南歌子》就是朝云向少游所乞新词。少游即席吟成这首词,跟小师母开了一个不荤不素的玩笑,算是搞了一个小小的暧昧。

少游这首词用了宋玉《高唐赋》巫山神女的典故。"霭霭凝春态,溶溶媚晓光。"一上来就描绘了一幅仙子降临人间的画面。烟水朦胧,女神从天上飘然而至,朝云袅娜的风神体态一下子浮现在眼前。他把东坡比作楚襄王,把朝云比作巫山神女。宋玉的《高唐赋》《神女赋》都写到楚怀王、楚襄王与巫山神女梦中相会之事。这个神女自云"妾在巫山之阳,高丘之阻,旦为朝云,暮为行雨,朝朝暮暮,阳台之下"(《高唐赋》)。朝云本为歌妓出身,自然可以戏称为"神女",这并没有什么不得体。但下面的话就似乎有些越礼了。他说小师母您忙啊,给我们唱了一会歌就走了,忙着去巫山"行雨"吧,您呀惊鸿一瞥,知道我有多么的惆怅啊,我只能像宋玉一样写下多情的《高唐赋》了。他以"兰台公子"宋玉自比,说他喜欢小师母,这分明是意淫,有挑逗的意味啊。

其实,细细揣摩,这首词措辞婉媚,也就是当着老师的面,跟小师母开了一个玩笑，少游心里是敞亮的，朝云也没有当真。

苏东坡心里也清楚弟子是闹着玩的。于是他煞有介事地回应了少游，写了一首《南歌子》：

> 云鬓裁新绿，霞衣曳晓红。待歌凝立翠筵中。一朵彩云何事下巫峰。　趁拍鸾飞镜，回身燕漾空。莫翻红袖过帘栊。怕被杨花勾引嫁东风。

"云鬓裁新绿，霞衣曳晓红"，活脱脱的一个大美人浮现在眼前，她秀发如云，红衣绚丽。她含情独立，即将启朱唇，唱艳歌。她就像一朵彩云从巫山飘过来。"趁拍鸾飞镜，回身燕漾空"，是写朝云的舞姿。她应节而舞，就像对镜而舞的鸾鸟，转身之际又像燕子在空中荡漾，是那样的曼妙多姿。最后两句："莫翻红袖过帘栊。怕被杨花勾引嫁东风。"东坡以戏谑的口吻对朝云说："你啊就在房间里跳舞吧，千万别飘出窗外。我怕你啊被漫天飞舞的杨花勾引嫁给了东风。"看得出来，东坡对朝云十分上心。他表面上是说给朝云听，实际上是说给弟子们听。王朝云就是巫山神女，她轻歌曼舞，让人着迷，但你们不可以"勾引"她。

师徒二人的词就像是对话，捉置在一块非常的有趣，益显苏门师弟子之间的融洽无间。无独有偶，黄庭坚跟小师母也开过玩笑。《浣溪沙》词云：

脚上鞋儿四寸罗,唇边朱粉一樱多,见人无语但回波。　　料得有心怜宋玉,只应无奈楚襄何,今生有分共伊么?

　　这首词有可能就是和秦少游同时写的。用的典故和少游《南歌子》一模一样,而且玩笑开得更大,尺度更加放得开。从脚写到嘴,又从嘴写到眼神,确实有些露骨。"料得有心怜宋玉,只应无奈楚襄何",直接开老师的玩笑,说巫山神女她的心早属于宋玉了,只是碍着楚襄王的面子罢了。"今生有分共伊么?"言下之意是今生无分,若有来生,共结来生缘。

　　苏东坡流连欢场,本身就是一个不拘小节的人。正因为如此,苏门非常融洽,秦少游、黄山谷才敢跟小师母开个玩笑。

秦少游为女性代言

　　浪漫才子秦少游对女性，尤其是对地位卑微的魅力女性，有一种发自内心的挚爱与同情。他的婉约词呈现出女性化的特质，"男子作闺音"，就像是为女性代言。这首《虞美人》就有"代言"的意味。

　　　　碧桃天上栽和露，不是凡花数。乱山深处水萦回，可惜一枝如画为谁开？　　轻寒细雨情何限，不道春难管。为君沉醉又何妨，只怕酒醒时候断人肠。

　　唐人高蟾诗云："天上碧桃和露种，日边红杏倚云栽。"（《下第后上永崇高侍郎》）乍看起来这首词是咏碧桃树的，其实碧桃是一个歌女。碧桃是美人，又绾合树名，人与树合而为一，可谓"人面桃花相映红"（崔护《题都城南庄》）。这首词是有本事的。据宋人杨湜《古今词话》记载：

　　　　秦少游寓京师，有贵官延饮，出宠妓碧桃侑觞，劝酒惓倦。少游领其意，复举觞劝碧桃。贵官云："碧桃素不善饮。"意不欲少游强之。碧桃曰："今日为学士拚了一醉！"引巨觞长饮。少游即席赠《虞美人》词曰（略）。阖座悉恨。贵官云："今后永不令此姬出来！"满座大笑。

杨湜对少游汴京韵事娓娓道来，说得有鼻子有眼的，细节非常的传神。"贵官"何许人也不得而知，但他纵声色蓄家妓，可见确实是京师豪门。贵官的宠妓钟情少游，"拚了一醉"，少游为她即席倚声《虞美人》，这件事颇为轰动，在京城娱乐界以及士大夫圈子里广为流传。

从本事来看，碧桃对少游一见倾心。本来歌妓娱宾劝酒（"侑觞"）只是场面上的事，保持礼貌和微笑就好了，不必太殷勤，然而碧桃却一反常态，"劝酒倦倦"，大有相见恨晚之感，"邂逅相遇，适我愿兮"（《诗经·郑风·野有蔓草》）。少游也读懂了碧桃的心事，给她频频回敬。彼此惺惺相惜，目成心许。在少游看来，碧桃就像天上花神和着露水栽种的碧桃树，与生俱来有着阆苑仙葩的气质，绝非花中凡品所能相比。少游用《虞美人》这个词牌，也不是随便信手拈来的，而是把她视为绝世无双的美人——虞姬。虞美人，不只是颜值非凡，而且重情重义，有一种高贵的气质。可惜碧桃误落侯门，吃的是青春饭，在那些狂蜂浪蝶的眼里恰恰被视为随意攀折的冶叶倡条。她就像一株碧桃树在乱山丛里、野水边上生长，尽管一枝如画，瘦腰如舞，又有谁来欣赏她呢？

碧桃色艺双绝，被贵官豢养，不啻是锁在金笼子里的一只画眉鸟，哪里能在树林里百啭千声，自由地飞翔呢？说是宠姬，其实就是女奴，或者花瓶。更不堪的是，男主人俗不可耐。身为贵人的家妓，碧桃逢场作戏，虚与委蛇，见到的形形色色的公子王孙太多了，可是能让她动了真情、拚了一醉的又有多少呢？今天她竟不顾主人的劝阻，"引巨觞长饮"，甘愿为当红词人少游沉醉，知音难觅啊！晏殊《山亭柳·赠歌者》词云："若有知音见采，不辞遍唱阳春。"说的就是这种久违的感觉啊！

　　"轻寒细雨情何限，不道春难管。为君沉醉又何妨，只怕酒醒时候断人肠。"这是碧桃的内心独白。恻恻轻寒，丝丝细雨，上天好像很眷顾自己，让自己尽情绽放，可是命运冥冥中掌控在东君之手，自己做不得主。况且青春如飞鸟，转瞬之间就落红难缀。她与少游这样可意的人儿注定是无言的结局。所以啊，今天索性扔掉欢场作戏的面具，挣脱尘俗中的葛藤，为君沉醉，做一回激情的惊鸿绝艳的真我。就算从醉乡中醒来，面对骨感的现实，也无怨无悔！令人想起《牡丹亭》中杜丽娘的唱词："这般花花草草由人恋，生生死死随人愿，便酸酸楚楚无人怨。"

　　在少游的眼里，碧桃就是一株妖娆绝美的仙葩，却陷落凡尘，在侯门深海强颜欢笑，挥霍自己的青春。少游读懂了碧桃的心，曲终人散，他对碧桃并不能忘情。他从碧桃身上也反观到了自己的命运。所谓"冠盖满京华，斯人独憔悴"（杜甫《梦李白二首》其二），纵然自己才华绝世，又有谁能欣赏呢？说到底，"同是天涯沦落人"（白居易《琵琶行》），自己不也是那一株"天上和露种"却降谪在乱山深处的碧桃花吗？

无奈归心,暗随流水到天涯

从元祐五年到绍圣元年,秦少游在汴京生活了四年,这四年是他人生中相对惬意的四年。然而,人世间的好事大多不坚牢。哲宗亲政,改元绍圣,意味着政局变动,新党上台。新党掌握了权力,做的第一件事情就是排斥元祐旧臣,苏轼、苏辙等遭到了放逐,秦少游属于二苏蜀党政治营垒中的人,也随之被贬谪,出为杭州通判。这首《望海潮》就是离京前写的。

梅英疏淡,冰澌溶泄,东风暗换年华。金谷俊游,铜驼巷陌,新晴细履平沙。长记误随车。正絮翻蝶舞,芳思交加。柳下桃蹊,乱分春色到人家。　　西园夜饮鸣笳。有华灯碍月,飞盖妨花。兰苑未空,行人渐老,重来是事堪嗟。烟暝酒旗斜。但倚楼极目,时见栖鸦。无奈归心,暗随流水到天涯。

此时正当明媚的春光,"梅英疏淡,冰澌溶泄",梅花疏疏淡淡地开放了,洁白如玉,河里的冰也溶化了,水欢快地流淌着,和煦的东风吹拂着,洋溢着好一派生机,时光啊暗暗地在流转,就这样一天天地送走了青春的年华。往昔在蔡州的时候都是要踏青郊游的，兴致高的时候还远足到洛阳呢，徜徉于金谷园、铜驼街，发思古之幽情。洛阳为烟花薮泽之地，美女如云，咱还有"误随车"的艳遇呢。今年依然"絮翻蝶舞"，令人情不自禁地"芳思交加"。有道是三生三世十里桃花，丝丝杨柳将人引向了一片桃花林，"桃之夭夭，灼灼其华"（《诗经·周南·桃夭》），狂野地怒放着，把她的春色分到千家万户。"桃花依旧笑春风"，可是人生的命运已然改变，往事也只堪回忆。

少游在京城那些年经常参加同僚们的雅集，所与会者都是一时名流。让他最为难忘的是驸马爷王诜府上的雅集，也就是词里说的"西园"，那次名士云集，苏氏兄弟、苏门四学士都在内。华灯照耀着府邸，几乎让天上的月亮都为之失色，那些香车宝马停满了花园，丛丛车盖啊都遮住了姹紫嫣红。大家饮酒赋诗，征歌逐舞，谑浪笑傲，快慰平生。然而，天有不测风云，政治的风向飘忽不定，有谁能经得起政治风雨的打击呢？西园的亭台楼阁依然很美，可是人到中年，浪漫的感觉已经飘逝，当我再次驻足西园的时候，一切都已改变，当年的携手之人都已风流云散。自己即将远行，离开五光十色的帝都，西园雅集渐渐成为遥远的记忆。天色已黄昏，远远的酒旗高高地斜挂着。在高楼上极目眺望，时见栖鸦归巢，"云无心以出岫，鸟倦飞而知还"（陶渊明《归去来兮辞》）。可是还能回得去吗？"无奈归心，暗随流水到天涯。"归心似箭，却身不由己，冥冥中觉得这是一条不归之路，默默地随着流水直到天涯海角。

这首词是《淮海词》中的名作。少游写有四首《望海潮》，此首最好。清人陈廷焯《白雨斋词话》说得好："少游词最深厚，最沉着，如'柳下桃蹊，乱分春色到人家'，思路幽绝，其妙令人不能思议，较'郴江幸自绕郴山，为谁流下潇湘去'之语，尤为入妙。""尤为入妙"云云倒也未必，但确实"最深厚，最沉着"。

最难忘的金明池

秦少游在汴京时期最流连忘返的风景名胜是金明池。金明池在"西城"，也就是汴京的顺天门外，那一方水域非常的美，京城文人士大夫多雅集于此。据孟元老《东京梦华录》记载：金明池"池之东岸，临水近墙，皆垂杨"。所以阳春三月到金明池，首先映入眼帘的就是依依杨柳，翩翩起舞，舒展着柔美的腰肢。如此曼妙的风景，令人如饮醇醪，不觉自醉。

最值得一提的金明池之游是元祐七年的春天，那天二十多位馆阁名士和官员在金明池等地雅集，饮酒赋诗。秦少游写了两首七律吟咏盛况。《西城宴集，元祐七年三月上巳，诏赐馆阁官花酒，以中浣日游金明池、琼林苑，又会于国夫人园，会者二十有六人，二首》诗云：

春溜涣涣初满池，晨光欲转万年枝。

楼台四望烟云合，帘幕千家锦绣垂。

风过忽闻花外笑，日常时奏水中嬉。

太平谁谓全无象，寓在群仙把酒时。

宜秋门外喜参寻，豪竹哀丝发妙音。

金爵日边栖壮丽，彩虹天际卧清深。

已烦逸少书陈迹，更属相如赋上林。

犹恨真人足官府，不如鱼鸟自飞沉。

因为是名流士大夫的西城宴集，又得到了皇家花酒的赏赐，身为馆阁学士倍觉荣宠，诗中不免歌功颂德，所谓"太平无象，群仙把酒""相如赋上林"皆是，然而文辞清雅，非大手笔不能为。因为对金明池的雅集感觉特别好，秦少游还自创了一个词牌《金明池》，并且以"春游"为题付之倚声。这是一首慢词长调。词云：

琼苑金池，青门紫陌，似雪杨花满路。云日淡、天低昼永，过三点两点细雨。好花枝、半出墙头，似怅望、芳草王孙何处。更水绕人家，桥当门巷，燕燕莺莺飞舞。　　怎得东君长为主？把绿鬓朱颜，一时留住。佳人唱、金衣莫惜，才子倒、玉山休诉。况春来、倍觉伤心，念故国情多，新年愁苦。纵宝马嘶风，红尘拂面，也则寻芳归去。

金明池杨柳依依，花枝扬扬，芳草萋萋，细雨点点，燕燕莺莺飞舞，风景绝美，更令人难忘的是风景中的才子佳人。"佳人唱、金衣莫惜，才子倒、玉山休诉。"佳人唱着《金缕曲》，才子浮沉曲蘖的场景宛然如在目前。明李攀龙《草堂诗馀隽》卷一眉批云："怅望何处，只在燕飞莺舞中。"又点评说："点缀春光，如雨花错落。至佳人才子，共庆同春，犹令人神游十二峰，为之玩不释手。"

可惜绍圣政局骤变，新党当权，元祐旧臣遭到集体放逐，"衣冠相望走岭表，一网尽矣嗟群贤"（王士禛《元祐党籍碑》）。秦少游出为杭州通判。绍圣元年的春天，少游一个人来到金明池，写下了《江城子》：

> 西城杨柳弄春柔，动离忧，泪难收。犹记多情曾为系归舟。碧野朱桥当日事，人不见，水空流。　韶华不为少年留，恨悠悠，几时休？飞絮落花时候一登楼。便做春江都是泪，流不尽，许多愁。

少游这次来金明池，委实是一次黯然神伤的告别，而绝非单纯才子的游园赏春。柳者，留也。昔日金明池的杨柳"多情曾为系归舟"，但这一次呢？流放的厄运就此降临，留也留不住。"碧野朱桥"当日雅集的情景历历在目，但朋友们已经风流云散了，也难怪他"动离忧，泪难收"。

绍圣元年，少游已经四十六岁了，青春已然消逝，又遭此贬谪之难，更觉韶华飞逝，憾恨满怀。"飞絮落花"无根的漂泊似乎在暗示他未来投荒万里的命运。"便做春江都是泪，流不尽，许多愁。"从李后主《虞美人》中化出，却贴合他此时的心境。在贬谪杭州的路上，少游又写下了《风流子》：

东风吹碧草,年华换,行客老沧洲。见梅吐旧英,柳摇新绿;恼人春色,还上枝头。寸心乱,北随云黯黯,东逐水悠悠。斜日半山,暝烟两岸;数声横笛,一叶扁舟。　青门同携手,前欢记,浑似梦里扬州。谁念断肠南陌,回首西楼。算天长地久,有时有尽;奈何绵绵,此恨难休。拟待倩人说与,生怕人愁。

少游在放逐的路上思绪万千,他最魂牵梦萦的还是扬州。那是他最初成名的地方,那里有他的情和爱,有他浪漫不羁的青春,而如今"云黯黯,水悠悠",暮色苍茫,一叶扁舟飘向何方呢?

寻找生命的桃花源

细细琢磨,这首《点绛唇》颇有梦幻的感觉,当写于贬谪处州时期。值得注意的是,少游爱读陶渊明的诗文,对《桃花源记》颇有解悟,灵魂深处藏着一个桃花源。这首词就堪称《桃花源记》缩本。

> 醉漾轻舟,信流引到花深处。尘缘相误,无计花间住。　烟水茫茫,千里斜阳暮。山无数,乱红如雨,不记来时路。

词人乘着醉意,驾起一叶扁舟,顺着水流的牵引到了花深之处。他盘桓在弥漫的芳菲世界中,无思无虑,就像在桃花源里。然而尘缘未断,功名之念时时浮上心来,终究又被尘世的意念羁绊着离开了桃花源。一句"无计花间住",多少怅惘!小舟飘荡在茫茫的烟水中,刹那之间仿佛已经千里之遥,斜阳的余晖闪烁在水面,那迷离的光景恍如隔世。小舟穿行在峡谷中,两岸的桃花色彩缤纷,乱红如雨,就像一个华丽的盛宴,似乎在告别桃花源。当梦醒来时,桃花源在脑海中已经朦胧。

词人的梦幻就是桃花源的意象世界。现实中的少游处于矛盾之中,一方面有入世的精神,另一方面又因陷入无休止的新旧朋党之争中遭到打击,对仕途深深地厌倦。"信流引到花深处",却又"无计花间住",就是进退出处矛盾的体现。在少游看来,他最终还是被"尘缘"所误,就像陶渊明《归园田居》咏叹的"误落尘网中,一去三十年"。但话又说回来,如果没有"尘缘",少游又怎么会有那么多的爱恋,写出那么多缠绵的歌词!进而言之,如果没有"尘缘"的内驱力,又如何能写出那么多的策论,得到"国士无双"的赞誉呢!

飞红万点愁如海

哲宗绍圣三年（1096）春，秦少游削秩编管郴州，命运急转直下，从此一路滑坡。如果说，两年前从京师贬监处州（今浙江丽水）酒税，他还可以笑对人生，佯狂傲世，那么编管郴州则是沉沦之悲的转捩点。他切切实实地感觉到踏上了不归之路。《千秋岁》：

> 水边沙外，城郭春寒退。花影乱，莺声碎。飘零疏酒盏，离别宽衣带。人不见，碧云暮合空相对。　　忆昔西池会，鹓鹭同飞盖。携手处，今谁在？日边清梦断，镜里朱颜改。春去也，飞红万点愁如海。

此词当写于编管郴州的诏令下达之后。所有的悲伤都来自"日边清梦断"的绝望。"日边"指帝王、朝廷。新党集团继续加大了对元祐党人迫害的力度，致使他回归"日边"的梦想破灭。"削秩"等于仕途的终结，而且还要以政治犯的戴罪之身被编管郴州，没有自由。

春日迟迟，水边沙外，春意盎然，料峭的春寒已经退得无影无踪。花影历乱，莺声玉碎，春风骀荡。风景很美，少游心中却有挥之不去的忧愁。"飘零疏酒盏，离别宽衣带。"即将告别这个城市，离开汴京越来越远了，举杯消愁愁更愁，倒不如疏离酒盏。有道是"相去日已远，衣带日已缓"，随着离去的日子一天天逼近，内心越发地哀痛，人也一天天地消瘦。"人不见，碧云暮合空相对。"这两句从南朝梁诗人江淹《拟休上人怨别》诗"日暮碧云合，佳人殊未来"化出来的。"人不见"的"人"是佳人、美人，在这里却有楚辞"香草美人"的象喻色彩，质言之，"人不见"的"人"指的是皇帝。将"人不见"解读为再也见不到皇帝了，才能与下片的"日边清梦断"前后映带。

　　"忆昔西池会，鹓鹭同飞盖。"少游不禁想起了京都往事。"西池"指汴京的风景名胜金明池；"鹓鹭"喻指朝官的行列，就像鹓与鹭一样的整齐有序。那时老师苏东坡还有同门友黄庭坚、晁补之、张耒以及其他朋友，大家乘着一辆车去金明池雅集，啸志歌怀，是何等惬意！如今携手的师友又在哪里呢？党争风波迭起，一切都风流云散了！"日边清梦断，镜里朱颜改。"政治生涯结束了，一去不复返，年华也已经老去了，还有什么盼头呢？"春去也，飞红万点愁如海。"那万点飞红在半空中飞舞，如同华丽的盛宴向春天作一次凄美的告别，不啻是万般哀愁，喷薄而出！"春去也"不仅仅是季节之春的归去，更是人生理想之春的破灭！难怪他后来路过衡阳的时候，友人孔平仲读了此词觉得言语过于悲怆，直视为不祥之兆，说："秦少游气貌，大不类平时，殂不久于世矣。"

由处州编管郴州是少游悲情人生的真正开端,《千秋岁》这首词则是少游词创作转型的标志。这首词引发了元祐党人的群体唱和,孔平仲、苏东坡、黄庭坚、释惠洪、李之仪等都酬唱了少游的这首词。录东坡在海南儋耳的唱和词:

岛边天外,未老身先退。珠泪溅,丹衷碎。声摇苍玉佩,色重黄金带。一万里,斜阳正与长安对。　道远谁云会?罪大天能盖。君命重,臣节在。新恩犹可觊,旧学终难改。吾已矣,乘桴且恁浮于海。

到了南宋,范成大主政处州,凭吊少游行迹,建了一个亭子,名莺花亭,亭名取自少游《千秋岁》"花影乱,莺声碎"。范成大一口气写了六首绝句,向先贤少游献上了一瓣心香。录诗如下:

滩长石出水平堤,城郭西头旧小溪。
游子断魂招不得,秋来春草更萋萋。

愁边逢酒却成憎,衣带宽来不自胜。
烟水苍茫沙外路,东风何处挂枯藤?

垆下三年世路穷,蚁封盘马竟难工。
千山虽隔日边梦,犹到平阳池馆中。

文章光焰照金闺,岂是遭逢乏圣时?
纵有百身那可赎,琳琅空见万篇垂。

山碧丛丛四打围,烦将旧恨访黄鹂。
缬林霜后黄鹂少,须是愁红万点时。

古藤阴下醉中休,谁与低眉唱此愁?
团扇他年书好句,平生知己识儋州。

范成大对少游的《千秋岁》确实为之倾倒,诗中多有点化:"纵有百身那可赎,琳琅空见万篇垂","古藤阴下醉中休,谁与低眉唱此愁"。可见他对少游公的才华颇为推重。老实说,范诗整体写得一般,但可见文人风雅,也确证少游负一代才名。

陆游与秦少游似有前缘。他写的莺花亭诗,用情颇深:"沙外春风柳十围,绿阴依旧语黄鹂。故应留与行人恨,不见秦郎半醉时。"

此后处州的莺花亭成为一个著名的景点,题咏甚多。据南宋后期著名诗人刘克庄《后村诗话续集》卷一记载,南宋进士芮烨(字国器)的《题莺花亭》绝句写得最入骨:"人言多技亦多穷,随意文章要底工?淮海秦郎天下士,一生怀抱百忧中。"

湘女多情，长沙绝恋

　　绍圣三年（1096）春，秦少游从监处州酒税削秩编管郴州，长沙是必经之路。在长沙短暂的逗留期间，他邂逅了一位歌女，上演了一出人间绝恋。秦少游是当红词人，他的曲子词流行于歌坛，被很多歌女传唱。长沙是湖南的通都大邑，一定有他的"粉丝"吧。这位"粉丝"就是南宋学者洪迈笔下的长沙义倡。

　　关于长沙义倡，洪迈《夷坚志补》卷二有较详细的叙述："义倡者，长沙人也，不知其姓氏。家世倡籍，善讴，尤喜秦少游乐府，得一篇，辄手笔口咏不置。"少游南迁，取道长沙，访潭土风俗，邂逅了这位艺妓。少游观其姿容既美，出语真诚，遂亮明身份，艺妓又惊又喜，殷勤款待少游，遍歌淮海乐府。少游与她缱绻数日，临别之际，艺妓表达了侍奉左右的心愿。少游答应她，将来北归重逢，便是鸳梦重温之日。一别数年，少游竟死于广西的藤州。艺妓行数百里为少游吊孝，哀恸而死。长沙艺妓的故事，"湖南人至今传之，以为奇事"。常州校官钟将之感其事，为艺妓作传，名《义倡传》。

　　长沙歌妓的真情极大地抚慰了少游那颗憔悴的心，不啻是

枯木逢春。离开长沙的时候,歌妓为他饯行。少游为她写下了
深情的歌曲《木兰花》:

> 秋容老尽芙蓉院,草上霜花匀似剪。西楼促坐酒杯深,
> 风压绣帘香不卷。　　玉纤慵整银筝雁,红袖时笼金鸭暖。
> 岁华一任委西风,独有春红留醉脸。

少游饮罢,扶醉登舟,离开了长沙。他此刻的心情是何等
的黯然销魂!《阮郎归》:

> 潇湘门外水平铺,月寒征棹孤。红妆饮罢少踟蹰,有
> 人偷向隅。　　挥玉箸,洒真珠,梨花春雨余。人人尽道
> 断肠初,那堪肠已无。

秦少游带着迁谪的伤痛和无尽的相思踏上了编管之地——郴
州。少游的一叶扁舟飘荡在湘江之上。痴情的歌女泪流满面,
依依惜别,那凄美销魂的模样令人想到白居易《长恨歌》的杨贵
妃——"梨花一枝春带雨"。少游想到前途未卜,悲从中来,发
出了前所未有的悲音:"人人尽道断肠初,那堪肠已无。"真是伤
心人别有怀抱!

少游编管郴州之后,命运再次下滑,又放逐到横州。他不
得不再次登上了潇湘之舟,因为有向北的一段水路。他情不自
禁地想起了长沙的恋人,寄调《临江仙》:

千里潇湘挼蓝浦,兰桡昔日曾经。月高风定露华清。微波澄不动,冷浸一天星。　　独倚危樯情悄悄,遥闻妃瑟泠泠。新声含尽古今情。曲终人不见,江上数峰青。

"曲终人不见,江上数峰青。"唐代诗人钱起《湘灵鼓瑟》的名句,现成地用在这首词里收尾,却非常浑成熨帖。泛舟潇湘,少游沉吟湘灵鼓瑟的故事,他情不自禁地想起恋人——长沙的歌女,"妃瑟泠泠"的"妃"有恋人的影子。

投荒梦破鼠窥灯

　　少游投荒郴州，除了押解的解差，随行的只有一个老仆滕贵，一路上艰辛备尝。据旧题王暐《道山清话》记载：

　　　　秦观南迁，行次郴道遇雨，有老仆滕贵者，久在少游家，随以南行，管押行李在后，泥泞不能进。少游留道傍人家以俟。久之，方蹒跚策杖而至，视少游叹曰："学士，学士，他们取了富贵，做了好官，不枉了恁地。自家做甚来陪奉他们？波波地打闲官，方落得甚名声！"怒而不饭。少游再三勉之曰："没奈何！"其人怒犹未已，曰："可知是没奈何！"少游后见邓博文，言之大笑，且谓邓曰："到京见诸公，不可不举似，以发一笑也。"

这是少游在郴州路上的花絮。老仆滕贵发牢骚的口吻绘声绘色，令人忍俊不禁，可是笑了之后又继之以泪。少游何罪，遭此大难！

　　少游凄凄惶惶地踏上流放之路。在去郴州的一路上，少游一再地抒写他的悲伤。且看《题郴阳道中一古寺壁二绝》：

> 门掩荒寒僧未归，萧萧庭菊两三枝。
> 行人到此无肠断，问尔黄花知不知？
>
> 哀歌巫女隔祠丛，饥鼠相追坏壁中。
> 北客念家浑不睡，荒山一夜雨吹风。

这是少游题在破庙墙壁上的诗。荒寒之境中的菊花无论如何不能引发他采菊东篱的闲情逸致。所谓伤心人别有怀抱，"泪眼问花花不语"。细想人怎么会"无肠断"呢？"无肠断"不正是他已经肝肠寸断了吗？南荒之人信鬼而好祠，巫女唱着哀歌，从隔壁的祠堂丛林传过来，饥鼠恣意地在坏壁相追。夜宿在荒山野岭的寺庙，听着寒冷的风雨之声，贬谪之人越发思念家乡。再看《如梦令》：

> 遥夜沉沉如水，风紧驿亭深闭。梦破鼠窥灯，霜送晓
> 寒侵被。无寐，无寐，门外马嘶人起。

越是荒寒，越是残破，老鼠越多。白天黑夜，词人都浸泡在悲伤的情绪中。晚上投宿驿站，老鼠依然闹翻天，搅得他连做个好梦的机会都没有。"梦破鼠窥灯"，老鼠这个细节一再出现委实有些令人惊悚，益显驿站的寂寞荒凉。遥夜沉沉，听着鼠声唧唧和窗外凄紧的风声，人何以堪！凌晨的时候，"马嘶人起"，又

踏上了迁谪之路。

秋冬时节,少游到了郴州。除夕之夜,他写下了《阮郎归》:

> 湘天风雨破寒初,深沉庭院虚。丽谯吹罢《小单于》,迢迢清夜徂。　　乡梦断,旅魂孤,峥嵘岁又除。衡阳犹有雁传书,郴阳和雁无。

郴州地处湘南,是岭南的门户,虽是冬天,但湘天风雨已经破除了寒冷,春天即将来临。辞旧岁,迎新年,本来是一个快乐的夜晚,可是少游独在异乡为异客,没有亲人的陪伴,没有温暖的屠苏酒,没有声声的爆竹,听着高楼上传来的《小单于》乐曲,越发的孤寂。这注定是一个迢迢的不眠之夜。这一年是不平常的一年,有迁谪的伤痛,也有长沙之恋的甜蜜。可如今越过了衡阳的回雁峰,再也等不到传书的鸿雁了!

《踏莎行》与三绝碑

　　湖南郴州的苏仙岭有个"三绝碑"。哪三绝呢？秦少游的《踏莎行》词、苏东坡的题跋以及大书法家米芾的字，三者都堪称一绝，故合称之为"三绝"。秦少游《踏莎行》：

> 雾失楼台，月迷津渡，桃源望断无寻处。可堪孤馆闭春寒，杜鹃声里斜阳暮。　　驿寄梅花，鱼传尺素，砌成此恨无重数。郴江幸自绕郴山，为谁流下潇湘去！

　　《踏莎行》写于绍圣四年初春，少游在贬谪地郴州。自从走上迁谪之路以来，少游一直在寻找生命中的桃花源，幻想在无我之境中消释所有的烦恼。可是"雾失楼台，月迷津渡"，一切都那么渺茫。那么漫天的大雾哪来的呢？郴州山高林密，容易产生雾气。可见"雾失楼台"也有写实的成分。

　　在严酷的现实中，桃花源根本不存在。这里的"桃源"其实不只是陶渊明《桃花源记》那个版本，还隐含着刘义庆《幽明录》的桃源恋情。据《幽明录》记载：东汉时期，剡县人刘晨、阮肇共入天台山取谷皮，迷不得路，旬余粮绝。仰望山上有一桃树，硕果累累，攀援而上，各食数枚。后度山沿着溪流而行，遇到两个女子，资质妙绝，相邀还家，设膳款接。食毕饮酒，有一群女孩子走过来，各持三五个桃子，笑着说："祝贺你们找到了如意郎君。"刘晨、阮肇在桃源仙境居住了半年，思家心切，请求回归家园。仙女答应了。刘晨、阮肇既出，亲旧零落，邑屋改易，问讯，得七世孙。至晋太元八年，忽复去，不知何所。

所谓"神女生涯原是梦"（李商隐《无题》），少游"桃源望断"，朝思暮想的正是长沙恋人。这年春天他在郴州还写了《减字木兰花》抒发相思之情：

> 天涯旧恨，独自凄凉人不问。欲见回肠，断尽金炉小篆香。　　黛蛾长敛，任是东风吹不展。困倚危楼，过尽飞鸿字字愁。

此词上片写词人对长沙恋人的刻骨相思，九曲回肠就像那篆香袅袅，一寸相思一寸灰。下片从对方着笔，设想恋人黛蛾长敛，登楼远眺，飞鸿过尽，却没有捎来情郎的消息。

少游一个人孤零零地待在郴州旅舍里，无边的春寒裹束着他，杜鹃啼血，哀响在斜阳中回荡，直到暮色苍然。友朋书信，家人消息，都无从慰藉他的伤痛，万般怅恨在心中砌成了一堵墙，堵得他透不过气了，最终迸出两句话："郴江幸自绕郴山，为谁流下潇湘去！"这两句问得无理而自成妙谛，真像王国维《人间词话》所说"有我之境，以我观物，故物皆著我之色彩"。郴江离开境内的黄岑山向北流入潇湘乃是地理实情，可是在少游看来，郴江尚能出山北流，而自己却没有北返汴京的机会，不能北返，就不能路过长沙与恋人会合，如此看来，自己的命运竟反不如北流之郴江。词人又想：有道是"在山泉水清，出山泉水浊"，如果当初像郴江绕郴山一样待在家乡不出来，又怎么会遭此迁谪大难呢？

据惠洪《冷斋夜话》记载："东坡绝爱其尾两句，自书于扇曰：'少游已矣，虽万人何赎。'"夏承焘先生对此词亦评价极高，将它和东坡的《念奴娇》相提并论，《瞿髯论词绝句》云："秦郎淮海领宗风，小阕苏门亦代雄。等是百身难赎语，郴江北去大江东。"

少游这首词写得沉哀入骨，这源于他政治生命的沉沦、处境的艰难以及相思的苦闷。

《鹊桥仙》为谁而歌？

　　秦少游的《鹊桥仙》系宋词经典，是《淮海词》中最传唱的曲子，也是民俗七夕最经典的作品。迨至当代，又被谱成流行歌曲，古韵新声，相得益彰。《鹊桥仙》缘题而赋，写的是神话中牛郎织女鹊桥相会的故事，超人间的形式中跳荡着少游的词心。

　　　　纤云弄巧，飞星传恨，银汉迢迢暗度。金风玉露一相逢，便胜却、人间无数。　　柔情似水，佳期如梦，忍顾鹊桥归路。两情若是久长时，又岂在、朝朝暮暮。

　　那么，《鹊桥仙》为谁而歌呢？从文艺心理学的角度考量，《鹊桥仙》这样一首用情深挚、立意高远的曲子绝非空穴来风。依据秦少游交往的女眷或欢场之艳遇，我们不妨为《鹊桥仙》寄情的对象设置如下几种备选答案：徐文美说、越艳说、蔡州营妓说、王朝云说、边朝华说、长沙义倡说。我认为《鹊桥仙》是为长沙义倡而歌，写于湘南郴州，时间是哲宗绍圣四年（1097）的七夕。我们不妨对以上几种说法，一一加以辨析然否，以申己说。

一、此词为夫人徐文美而作。《鹊桥仙》献给太太,这自然可备一说。熙宁、元丰年间,秦少游外出应试或游历,夫妻暌离时日较多,未尝没有牛郎织女的况味。少游似有可能为夫人写下深情款款的《鹊桥仙》。但仔细想想,似乎不太合适。因为神话中的牛郎织女是私情男女,自由恋爱,而词人和徐文美是明媒正娶的夫妻,用得着偷偷摸摸("银汉迢迢暗度")吗?再说了,"柔情似水,佳期如梦"这样的话头送给情人还比较得体,写给老婆就甜得腻味。专主情致的秦少游不会连这一点都不知道吧。

二、此词送给越艳。元丰二年(1079),少游到越州(今绍兴)省亲,得到当地知州程师孟的礼遇,将他安排在蓬莱阁,有重要的宴会都邀请他参加,这样他就能亲密接触到那些美丽的官妓——越艳。几度流连欢场,征歌逐舞,不觉产生了恋情。有《满江红》为证。词写道:"脸儿美,鞋儿窄。玉纤嫩,酥胸白。自觉愁肠搅乱,坐中狂客。金缕和杯曾有分,宝钗落枕知何日?"词中表达了对越艳芳颜的倾倒,"宝钗落枕"云云压根儿是性爱的冲动。老实说,重在色而非情。再看赠别越艳的《满庭芳》:"此去何时见也?襟袖上、空惹啼痕。伤情处,高城望断,灯火已黄昏。"词写艳情,夹杂着功名不就的身世之感,"伤情"倒是"伤情"的,但看不到未来,"两情久长"也就无从谈起。质言之,《鹊桥仙》不可能送给越艳。

三、此词为蔡州营妓而歌。秦少游担任蔡州教授期间,结识了营妓娄琬、陶心儿。《鹊桥仙》是不是写给她们呢?似乎也有这个可能吧。元祐五年（1090）春，秦少游离开蔡州去汴京赴任，寄调《水龙吟》作别娄琬。词云："玉珮丁东别后，怅佳期、参差难又。名缰利锁，天还知道，和天也瘦。花下重门，柳边深巷，不堪回首。"此词抒发了佳期难再的愁苦。仕途与情感是一个矛盾，这个矛盾折磨着他的身心。情缘难继，剩下的只能是回忆。再看赠陶心儿的《南歌子》："臂上妆犹在，襟间泪尚盈。水边灯火渐人行，天外一钩残月带三星。"应该说，少游对娄琬和陶心儿用情都不浅，但还是看不到未来。毕竟少游在仕途上还要奔波，一时的艳情终究会风流云散吧。当爱已成往事，少游又怎么会为她们歌唱《鹊桥仙》呢？

四、此词乃暗恋"小师母"王朝云。《鹊桥仙》最后两句写道："两情若是久长时，又岂在、朝朝暮暮。""朝朝暮暮"出自宋玉的《高唐赋》"旦为朝云，暮为行雨，朝朝暮暮，阳台之下"。有人猜测少游寄调《鹊桥仙》乃暗恋东坡侍妾王朝云。恰好《淮海居士长短句》中有一首《南歌子》（赠东坡侍妾朝云）："霭霭凝春态，溶溶媚晓光。何期容易下巫阳，只恐使君前世是襄王。　　暂为清歌驻，还因暮雨忙。瞥然归去断人肠，空使兰台公子赋高唐。"这样一来，似乎可以坐实少游暗恋"小师母"。

其实，少游只是跟"小师母"开了个玩笑，充其量也就是意淫了一把。元祐六年（1091），苏门弟子一度齐集京城，都在馆阁任职，公务余暇他们经常到老师苏东坡家里做客，师生关系非常亲密，谑浪笑傲，无所不至。因为是自己人，东坡也不避嫌疑，让侍妾王朝云一起参加他们师徒的雅集。朝云曾是钱塘名妓，能歌善舞,清丽脱俗,她的参与使雅集生色不少。对苏门弟子而言,朝云的身份是"小师母",但一来师生关系非同一般,二来与小师母年龄相差不是太大,也就不受礼法的拘束,可以随意地开开玩笑。东坡也很放得开,弟子们都是当今名士,才华了得,他就让朝云当场向他们索诗索词。这首《南歌子》就是朝云向少游所乞新词。少游即席吟成。他把东坡比作楚襄王,把朝云比作巫山神女。朝云本为歌妓出身,自然可以戏称为"神女",这并没有什么不得体。少游心里是敞亮的,朝云也没有当真。苏东坡心里也清楚弟子是闹着玩的。于是他煞有介事地回应了少游,写了一首《南歌子》:"云鬟裁新绿,霞衣曳晓红。待歌凝立翠筵中。一朵彩云何事下巫峰。 趁拍鸾飞镜,回身燕漾空。莫翻红袖过帘栊。怕被杨花勾引嫁东风。"他说朝云从巫山下降到了人间,她轻歌曼舞,让人着迷,但你不可以"勾引"她。师徒二人的词就像是对话,捉置在一块非常的有趣,益显苏门师弟子之间的融洽无间。无独有偶,黄庭坚跟小师母也开过玩笑。《浣溪沙》词云:

> 脚上鞋儿四寸罗,唇边朱粉一樱多,见人无语但回波。 料得有心怜宋玉,只应无奈楚襄何,今生有分共伊么?

用的典故和少游一模一样,而且更加露骨。可见苏门不拘小节。

但有人借此炒作,说少游暗恋朝云。真真是扯淡!一则东坡是少游的恩师,对他有再造之恩,少游再风流,小师母这个底线绝不会突破。二则东坡乃一代浪漫天才,自云"我是风流帅",对男女之情何等敏锐,倘若少游对朝云有意,他岂能装聋作哑?岂能不介意? 东坡与少游自元丰初年定交以来,一直保持着亲切而深厚的人生友谊,这证明他们之间没有芥蒂。三则朝云对东坡一直忠敬有加,之死靡他。宋张邦基《侍儿小名录》"朝云"条:"东坡先生侍妾曰朝云,字子霞,姓王氏,钱塘人。敏而好义,事先生二十有三年,忠敬若一。生子遁,未期而夭。"又清人叶申芗《本事词》卷上云:"朝云,姓王氏,钱塘名妓也。子瞻守杭,纳为侍妾。朝云敏而慧,初不识字,既事子瞻,遂学书,粗有楷法;又学佛,略通大义。子瞻南迁,家姬多散去,独朝云愿侍行,子瞻愈怜之。未几,病且死,诵《金刚经》四句偈而绝,葬惠州栖禅寺松下。"由此可见,朝云一直追随东坡,不离不弃。她对少游只是友好,欣赏他的才华,而绝非动情。由此可见,所谓《鹊桥仙》为朝云而歌,根本站不住脚。

五、此词为被遣的侍妾边朝华而作。这个说法似乎也可以从少游诗中找到依据。人到中年,秦少游纳过一位侍妾,叫边朝华。张邦基《墨庄漫录》卷三对此事有记载:"秦少游侍儿朝华,姓边氏,京师人也。元祐癸酉纳之。"癸酉是哲宗元祐八年(1093),这年少游四十五岁,为秘书省正字,兼国史院编修,实为仕途最顺达的时期。纳妾的时间是七夕,牛郎织女鹊桥相会的日子。新婚之夜,少游赋诗云:"天风吹月入阑干,乌鹊无声子夜阑。织女明星来枕上,了知身不在人间。"少游把朝华比作天上的织女,可想见他愉悦的心情。但是好景不长,朝廷政局骤变。绍圣改元,哲宗亲政,新党上台,一意报复元祐旧臣,将其斥为奸党。元祐旧党执政大臣纷纷遭到贬谪、流放,无一幸免。少游作为苏轼、苏辙蜀党的成员,也随着二苏政治命运的急转直下而难逃劫难。在出京前,少游以凄美的柔情吻别了边朝华。《遣朝华》诗云:"月雾茫茫晓柝悲,玉人挥手断肠时。不须重向灯前泣,百岁终当一别离。"可是朝华却非常痴情,遣去二十余日复来,少游怜而复娶之。但贬谪的路上会有怎样的凶险,很难逆料。又据张邦基《墨庄漫录》卷三记载:少游出京,"至淮上,因与道友议论,叹光景之遄。归谓华曰:'汝不去,吾不得修真矣。'亟使人走京师,呼其父来,遣朝华随去。复作诗云:'玉人前去却重来,此度分携更不回。肠断龟山离别处,夕阳孤塔自崔嵬。'"其实修真只是一个借口,连累朝华受苦才是真正的原因,否则也不会"肠断龟山离别处"了。问题是,少游既然跟朝华决绝了,也就意味着情缘已断,从此不复相见,又哪里还谈到"两情久长时"呢?就算洞房花烛,少游把她比作织女也是一时胜情,断不能作为《鹊桥仙》为她而歌的证据。换言之,《鹊桥仙》的本事与边朝华没有关系。

六、此词寄情长沙义倡。我坚持这种说法。洪迈《夷坚志补·义倡传》将少游与长沙义倡的故事写得那样周详,而且有细节的真实,绝非向壁虚构。义倡材料的来源也交代得很清楚,即常州校官钟将之从郡守李结那儿听来的,李结的祖父曾持节湖湘至长沙,听闻了义倡之事,可见此事在湖湘民间广为流传。然而,洪迈晚年在《容斋四笔》中又推翻了自己的说法。洪迈翻案说什么"定无此事,当时失于审订"。但他否定的理由很牵强。说秦少游贬为杭州通判时,以学道为由遣去了侍妾边朝华,怎么可能又眷恋一倡女呢?洪迈的学问很大,但他真的不懂爱情。首先少游遣朝华是绍圣元年的事,邂逅长沙歌女已是三年之后的绍圣四年,此一时,彼一时,怎么就不可能萌发新的爱情呢?爱情往往是不期而遇的。少游是多情的才子,灵心锐感,贬谪的痛苦让他的心田濒于干涸,现在遇到了一位崇拜他的歌妓,为他痴狂,重新燃起爱情的火焰难道不是题中应有之义吗?其次说温益知潭州,对逐臣很刻薄,不可能待见秦少游,这纯属想当然,并没有事实的依据。

少游贬谪的路还要往南走下去,他与长沙歌女不得不洒泪而别。到了郴州以后,少游日夜思念他的恋人,但戴罪之身,人命危浅,相聚又谈何容易!其实《踏莎行》最后两句"郴江幸自绕郴山,为谁流下潇湘去"的沉重叹息也包含了对长沙艺妓的长相思。就在那年的七夕,他仰望天上的银河,写下了《鹊桥仙》,借牛女双星的鹊桥相会寄托了他对长沙歌女的恋情。少游期待着与她有再续前缘的机会,哪怕像牛郎织女一年只有一次欢聚,至少可以获得爱情的永恒。我为什么一口咬定《鹊桥仙》写在郴州,而不可能在横州和雷州呢?绍圣三年十月,少游《祭洞庭文》写道:"蒙恩宽贷,投窜湖南。老母戚氏,年逾七十,久抱末疾。尽室幼累,几二十口,不获俱行。既寓浙西,方令男湛谋侍南来。……愿加哀怜老母,异时经彼重湖,赐以便风,安然获济。"老母病重,又举家流寓浙西,等待儿子秦湛"谋侍南来"相聚。虽然绍圣四年春朝廷下诏移少游横州编管,但少游的孝心乃是天伦,大宋王朝以孝治天下,并不能漠视而催促他上路,他有一个等待的时间。根据宋朝法律规定:"诸配流编管羁管人在道闻祖父母、父母丧,及随行家属有病或死若产者,申所在官司量事,给住程假。"(《庆元条法事类·刑狱门》)少游《踏莎行》云:"驿寄梅花,鱼传尺素,砌成此恨无重数。"一个"砌"字,何等沉重!此语必非泛设,当与老母病情危殆有关。既然暂寓浙西的"随行家属"重病在身,少游自然可以滞留郴州数月,直到秋季。另外,郴州有七夕的传统,据南朝梁吴均《续齐谐记》记载,桂阳(即郴州)有"七月七日织女当渡河嫁牵牛"的传说。深秋时节,少游从郴州南迁到了横州,心情已经非常悲观,"日长聊以销忧"(《宁浦书事六首》其一),迨至雷州,竟写下了《自作挽词》,诗云"荼毒复荼毒,彼苍那得知",如此绝望的心情,怎么可能寄情《鹊桥仙》作破格之谈,化腐朽为神奇呢?

综上所述,我认为《鹊桥仙》就是为长沙义倡写的,特定的遇合,特定的情境,酿就了新的爱情,于是在分别之后的第二年七夕在郴州为她写了《鹊桥仙》。

秦少游的《鹊桥仙》是七夕最经典的作品。笔者追慕乡贤,亦作有《蝶恋花·七夕》:

待得银河仙浪渡。喜鹊红娘,铺就阳台路。一别经年疑梦寐,为郎憔悴霓裳舞。 郎自多情酬织女:"最美今宵,拼却千般苦!"可惜素娥携玉兔,广寒寂寞成终古。

醉乡广大人间小

元符元年（1098），秦少游从郴州迁谪到南宁府横州，也就到了岭南地界，离汴京越来越远了。幸好岭南地暖，还有花可赏，有酒可醉。据《苕溪渔隐丛话》所引《冷斋夜话》记载：横州有一座海棠桥，桥南北种植着海棠，有一个祝姓书生就住在海棠花丛中，少游醉宿其家，明日题词而去，也就是这首《醉乡春》。

唤起一声人悄，衾冷梦寒窗晓。瘴雨过，海棠开，春色又添多少。 社瓮酿成微笑，半缺椰瓢共舀。觉倾倒，急投床，醉乡广大人间小。

少游稍稍着笔，便呈现出一幅绝美的风景："瘴雨过，海棠开，春色又添多少。"雨后天晴，瘴气散了，海棠花开，芬芳馥郁，心情也不觉好起来了。最难得的是适逢当地春社祭土地神，有酒喝，有肉吃。当地人们对少游这位大才子非常的礼遇。"社瓮酿成微笑，半缺椰瓢共舀。"可以想见热闹的场景，少游也大有入乡随俗的感觉。是啊，纵情地喝吧，忘掉一切，醉了倒头就睡。

一句"醉乡广大人间小",还是道出了少游无法直面惨淡现实的痛苦。唐人孟郊《赠别崔纯亮》诗云:"出门即有碍,谁谓天地宽。"现实中的自己是政治犯,戴罪之身,而醉乡的天地何等自由自在!唐人王绩《醉乡记》写道:"醉之乡,去中国不知其几千里也。其土旷然无涯,无丘陵阪险;其气和平一揆,无晦明寒暑。其俗大同,无邑居聚落;其人甚精,无爱憎喜怒。"其实人世间哪有什么醉乡呢?忘情得失,逍遥无碍,即是醉乡,即是桃花源。

值得一说的是,秦少游在横州的日子里教当地青年读书,传播文化的种子。横州人民一直纪念他,依据他的《醉乡春》建了一座海棠亭,又创办了淮海书院,至今弦歌不辍。多年前当地文化部门还编创了粤剧《海棠亭》,讲述少游在横州的故事,引起了较大的社会反响。

少游醉卧古藤下

秦少游《淮海居士长短句》中有一首风格奇峭的词,即《好事近》。此词作于绍圣三年(1096)春,词人贬监处州酒税。词云:

> 春路雨添花,花动一山春色。行到小溪深处,有黄鹂
> 千百。　　飞云当面化龙蛇,夭矫转空碧。醉卧古藤阴下,
> 了不知南北。

这是一首写梦境的词。梦里他在雨过天晴的鲜花烂漫的山路上走着,空气里弥漫着花香沁人心脾。迤逦行到小溪深处,听千百黄鹂鸣啭,鼓吹诗肠。抬头看看天空,飞云化成了矫健的龙蛇,纵恣舞动在碧蓝的天幕上。"行到小溪深处,有黄鹂千百。飞云当面化龙蛇,夭矫转空碧。"令人想到了王维《终南别业》的诗句:"行到水穷处,坐看云起时。"大有禅宗悟道的感觉。

"醉卧古藤阴下",也许是真喝醉了酒,也许是陶醉于无边的花的海洋,哪管它北归还是南迁。总之,一个人悠然地看青天,心情是自由的、愉悦的。少游贬谪到处州这样一个荒僻的地方,

内心是失落的,而且行动还处处受到政敌眼线的窥伺。面对这样冷酷的现实,他想摆脱,想逃离,逍遥于无何有之乡。梦境就是现实的折光。

这首词的风格一反少游婉约的常态,而显示出奇峭的风格。明人卓人月《古今词统》卷五评此词"如鬼如仙"。此词的神秘之处还在于被人视为"词谶",也就是不祥的预兆。胡仔《苕溪渔隐丛话》前集卷五十引《冷斋夜话》:"秦少游在处州,梦中作长短句曰:春路雨添花……后南迁,久之,北归,逗留于藤州,遂终于瘴江之上光华亭。时方醉起,以玉盂汲泉欲饮,笑视之而化。"清人周济《宋四家词选》也认为此词"隐括一生,结语遂作藤州之谶。造语奇警,不似少游寻常手笔",都觉得冥冥中自有宿命。少游的《好事近》被当时的歌女广为传唱,感人至深。少游友人晁说之《听唱秦少游溪路雨添花词感旧作》诗云:"一闻溪路雨,泪与雨争行。黄鹂千百在,斯人今则亡。……谁家有歌喉,此曲宜断肠。摅我一夕恨,与世同悲凉。"少游的《好事近》还流传到后世,不绝如缕。如明人刘泰《题秦少游〈好事近〉词后》:"名并苏黄学更优,一词遗墨至今留。无人唤醒藤州梦,淮水淮山总是愁。"

秦少游于元符三年夏客死于广西的藤州,无意中应了"醉卧古藤阴下"这句词,这也许是巧合,但他的朋友们觉得这是一个谶。黄庭坚后来读到这首词,《寄贺方回》云:"少游醉卧古藤下,谁与愁眉唱一杯?解作江南断肠句,只今唯有贺方回。"《病起荆江亭即事十首》其八:"闭门觅句陈无己,对客挥毫秦少游。

正字不知温饱未,西风吹泪古藤州。"诗中两次提到"古藤",也就是少游藤州之死,隐隐与"醉卧古藤阴下,了不知南北"的谶语相关,仿佛是一个定数。

少游的公子秦湛闻讯奔丧到藤州,然后护灵北返,停殡于长沙,槁葬于长沙橘子洲。为什么不将少游公灵柩直接运回扬州,葬入祖坟呢?因为崇宁元年诏立元祐党人碑,少游名列余官之首,戴罪之身不能入土为安,只能暂时浅浅地埋在橘子洲以待时机。黄庭坚诗云:"长眠橘洲风雨寒,今日梅开向谁好。"(《花光仲仁出秦苏诗卷,思两国士不可复见,开卷绝叹。因花光为我作梅数枝及画烟外远山,追少游韵记卷末》)邹浩《梦秦少游》:"淮海维扬第一流,三关齐透万缘休。真心岂复随灰劫,遗骨犹然寄橘洲。"二人都对少游"槁葬橘洲"表达了深挚的同情。

崇宁四年(1105),元祐党人平反,秦湛与范温得以扶榇归葬广陵。政和年中迁葬无锡惠山二茅峰南麓,从此少游长眠于江南,风景甚美。后代文人路过惠山,总要来凭吊一下秦少游,正像杜甫咏叹的那样:"怅望千秋一洒泪,萧条异代不同时。"(《咏怀古迹五首》其二)且看元张理《题惠山寺》:

九山朝暮云,摇落少游坟。

野蔓碑全没,晴庵磬亦闻。

洞偏泉路细,松折鹤巢分。

高视太湖近,云涛鸥起群。

明朱昇《过淮海墓》：

> 起冢锡山隅,藤州旅榇归。
> 死生应不愧,田舍自多违。
> 薜荔山灵泣,松林野鹤飞。
> 墓门荒草合,樵牧遍斜晖。

更为神秘的是,至今无锡惠山景区少游坟墓上有一株古藤枝繁叶茂,覆盖着墓碑,仿佛呵护着少游的魂灵,令人情不自禁地联想到"醉卧古藤阴下,了不知南北"。

曹雪芹眼里的秦少游

　　一代文豪曹雪芹眼里是有咱高邮才子秦少游的。《红楼梦》第二回《贾夫人仙逝扬州城　冷子兴演说荣国府》中，贾雨村与冷子兴的对话中有一番大仁大恶、正邪二气的滔滔宏论，认为"清明灵秀，天地之正气，仁者之所秉也；残忍乖僻，天地之邪气，恶者之所秉也"，正邪两气相互搏击而形成的人，"其聪俊灵秀之气，则在万万人之上，其乖僻邪谬不近人情之态，又在万万人之下"。曹雪芹列举了历史上一些帝王贵族、名士名媛：

　　　　如前代之许由、陶潜、阮籍、嵇康、刘伶、王谢二族、顾虎头、陈后主、唐明皇、宋徽宗、刘庭芝、温飞卿、米南宫、石曼卿、柳耆卿、秦少游，近日之倪云林、唐伯虎、祝枝山，再如李龟年、黄幡绰、敬新磨、卓文君、红拂、薛涛、崔莺、朝云之流，此皆易地则同之人也。

　　其中就有秦少游，可见曹雪芹对他是青眼相看的。事实上，曹雪芹浸淫少游《淮海词》颇深。《红楼梦》第七十回《林黛玉重建

桃花社　史湘云偶填柳絮词》中,林黛玉咏柳絮的《唐多令》就颇有《淮海词》的风味。黛玉词云:

> 粉堕百花洲,香残燕子楼。一团团逐对成毬。漂泊亦如人命薄,空缱绻,说风流。　草木也知愁,韶华竟白头!叹今生谁舍谁收?嫁与东风春不管,凭尔去,忍淹留。

秦少游就是文学史上典型的情痴情种,他进入曹雪芹的视野绝非偶然。正因为少游是情痴情种,《红楼梦》假借少游编了一个绿窗春梦的细节,这个细节并非闲笔,而是关乎小说情节的发展。曹雪芹编了什么细节呢?秦可卿卧室的对联出自少游之手。请看《红楼梦》第五回《游幻境指迷十二钗　饮仙醪曲演红楼梦》:

> 说着大家来至秦氏房中。刚至房门,便有一股细细的甜香袭人而来。宝玉觉得眼饧骨软,连说:"好香!"入房向壁上看时,有唐伯虎画的《海棠春睡图》,两边有宋学士秦太虚写的一副对联,其联云:嫩寒锁梦因春冷,芳气笼人是酒香。

秦太虚也就是少游,少游初字太虚。细检《淮海集》各种版本,其实并没有这一副对联,此联完全出自曹雪芹的虚构,不过风格上酷似少游的婉约词。这副对联的意境就是春天的闺阁之梦。

春寒浅浅，闺中少妇陷溺在无边的幻梦中，梦中弥漫着酽酽的酒香。字面上说的是梦是酒，其实少妇寂寞的形象浮现在眼前。对联的意境令人联想到少游的《浣溪沙》："漠漠轻寒上小楼，晓阴无赖似穷秋，淡烟流水画屏幽。　　自在飞花轻似梦，无边丝雨细如愁，宝帘闲挂小银钩。"

那么，曹雪芹为什么会在秦可卿的卧房虚拟一副秦太虚的对联呢？乍看是闲笔，细按则脉络井井、大有文章的。秦太虚的对联与宝玉梦入太虚幻境绝非偶然的巧合，而是涵茹着曹雪芹的艺术匠心。首先从姓氏来说，秦少游的姓氏与秦可卿贴合，以秦氏才子的对联刻画秦可卿的卧房，巧合得天衣无缝。秦少游是风流才子，他的词多写男欢女爱，秦可卿的形象非常像少游词里写的那些袅袅婷婷的歌姬。再次，秦太虚的"太虚"又令人联想到太虚幻境。秦太虚的对联对贾宝玉进入太虚幻境，确乎起到了引诱催眠的作用。再次，怡红公子贾宝玉的身上也有着秦少游的影子。贾宝玉多情率性，这一点很像浪漫词人秦少游。

"嫩寒锁梦因春冷，芳气笼人是酒香"这一副对联与唐伯虎的《海棠春睡图》捏合得珠联璧合，直接推动了情节的发展。《海棠春睡图》这幅图实际上就是杨贵妃春睡图。据《明皇杂录》记载："上尝登沉香亭，召妃子。妃子时卯酒未醒，高力士从侍儿扶掖而至。上皇笑曰：'岂是妃子醉耶？海棠睡未足耳。'"海棠即杨妃——解语花，可以想象《海棠春睡图》玉体横陈的画面，与《红楼梦》第五回的文字适可映照勾连。且看曹雪芹铺陈秦可卿的卧房：

> 案上设着武则天当日镜室中设的宝镜，一边摆着飞燕立着舞过的金盘，盘内盛着安禄山掷过伤了太真乳的木瓜。上面设着寿昌公主于含章殿下卧的榻，悬的是同昌公主制的联珠帐。

细细咀嚼这段文字，房内陈设奢华，有着皇家的气派，似乎秦可卿的身世与皇家有着不解之谜。另外那些香艳的故事又在若隐若现、有意无意地暗示着什么，尤其是杨贵妃与安禄山的暧昧，一直在民间流传，"盘内盛着安禄山掷过伤了太真乳的木瓜"，令人联想到秦可卿与公公贾珍的隐秘艳情，委实埋伏着"秦可卿淫丧天香楼"的结局，虽然这个情节删除了，但秦太虚的对联和唐伯虎的《海棠春睡图》，隐藏着宁国府不可告人的淫乱的生活。另外贾宝玉进入太虚幻境，在警幻仙姑的引导下看金陵十二钗图册、听《红楼梦曲》，梦中入梦，又与可卿共成云雨之欢。这些情事跟秦少游的对联及唐伯虎的《海棠春睡图》都有丝丝入扣的关联。由此环环相扣，又衍生了第六回宝玉与袭人"初试云雨情"的情节，从此袭人与宝玉就有了难解的情缘，如一根红线贯穿在《红楼梦》中。

《行香子》不是秦少游的词

《行香子》:

> 树绕村庄,水满陂塘。倚东风、豪兴徜徉。小园几许,收尽春光。有桃花红,李花白,菜花黄。　　远远围墙,隐隐茅堂。飏青旗、流水桥旁。偶然乘兴,步过东冈。正莺儿啼,燕儿舞,蝶儿忙。

　　这首词名气比较大,被谱成了多个版本的当代流行歌曲。央视《经典咏流传》,凤凰传奇现场演唱过这首词。《行香子》还选入了部编版九年级上册《语文》教材第六单元"课外古诗词诵读",作者署名秦观,也就是秦少游。就词而论,音节流美,确实是天籁之音,描写春天的乡野风光,有声有色,远近合一,动静有致,充满了生机和活力,令人身临其境。

　　然而,我不得不说这首词的作者不是秦少游,而是另有其人。谁呢? 明代高邮才子张綖。张綖(1487—1543),字世文,自号南湖居士,扬州府高邮州人。著有《诗馀图谱》三卷、《张南湖先生诗集》四卷、《杜工部诗通》十六卷等。

《张南湖先生诗集》系张綖诗词合集，由其子张守中整理，存诗469首、词100首，刊刻于嘉靖三十二年，上海图书馆藏有刻本。《行香子》（树绕村庄）就收在《张南湖先生诗集》卷二，见《四库全书存目丛书》集部第68册，齐鲁书社1997年版，第360页。

日本内阁文库藏南宋乾道高邮军学本《淮海居士长短句》是迄今所见最完整的宋本，收词77调，没有《行香子》这首词，明代崇祯以前所有的《淮海居士长短句》版本几乎都是以宋本为底本，包括嘉靖己亥张綖本人鄂州刻本《淮海集》之《淮海词》也没有《行香子》一调。那么《行香子》是什么时候混入秦少游词集的呢？

从谬误的源头上说，就是明末崇祯年间山东人王象晋编次的《秦张两先生诗馀合璧》。崇祯八年乙亥（1635），王象晋重刻张綖《诗馀图谱》，又刊刻《秦张两先生诗馀合璧》作为附录。那么，王象晋为什么刻意将秦少游、张綖两家词"合璧"呢？

这要从张綖的《诗馀图谱》说起。张綖少时师从同郡散曲大家王磐，尽得其曲学，"独步于绝响之后，称再来少游"（朱曰藩《南湖诗馀序》）。其《南湖词》崇尚花间一派，师法乡贤秦少游，心慕手追，颇得《淮海词》之精髓，堪称倚声名家。张綖最有影响的著作则是《诗馀图谱》，初刻本系嘉靖十五年（1536）丙申刻本。张綖的友人蒋芝在《诗馀图谱序》中对此书有高度的评价：

嗟夫！长淮大海，精华之气，振古于兹。南湖张子，后少游而生者，其地同，才之赋又同，雅好词学，自得三昧，兹地灵之再泄也欤？尝作《诗馀图谱》三卷。嗟夫！秦之遗风流韵尽在是矣！谱法：前具图，后系词，灿若黑白，俾填词之客索骏有象，射鹄有的，殆于词学章章也。

蒋芝将张綖与北宋一代词宗秦少游相提并论，认为《诗馀图谱》深得少游之"遗风流韵"。张綖对秦少游这位乡贤也确实非常推重。他以少游词为婉约派正宗的标杆。《诗馀图谱·凡例》有这样的论断：

按词体大略有二：一体婉约，一体豪放。婉约者欲其辞情酝藉，豪放者欲其气象恢弘。盖亦存乎其人，如秦少游之作多是婉约，苏子瞻之作多是豪放。大抵词体以婉约为正，故东坡称少游为今之词手，后山评东坡词虽极天下之工，要非本色。

正因为张綖被称为"再来少游"，"雅好词学，自得三昧"，才有两家词合刻的机缘。王象晋本意是想大力宣传《诗馀图谱》，嘉惠词林，所以合刻秦少游和张綖的词作为范本。《秦张两先生诗馀合璧》中《少游诗馀》多达143首，严重灌水，而《南湖诗馀》仅有33首，大量的作品掺入了《少游诗馀》，其中就有《行香子》一调。王象晋在《秦张两先生诗馀合璧》

的序言中写道：

> 诗之馀也，此少游先生所独擅也。南湖张先生与少游
> 同里闬，慕少游之为人，辄效少游之所为诗文，因取宋人诗
> 馀，汇而图之为谱。……今观先生长短句诸作，命意恳至，
> 摛词婉雅，俨然少游再生，岂天地精粹清淑之气，尽汇于长
> 淮烟波浩渺间耶？何相肖之甚也！予不能诗，更不能词，
> 而甚慕两先生之所为诗若词，特合两先生词，并而梓之图
> 谱之后，使后世攻是业者，知词虽小道，自有当行，无趋恶
> 道，亦未必非修词之一助也！

《南湖诗馀》为什么会大量掺入《少游诗馀》，原因就是张
綖"长短句诸作，命意恳至，摛词婉雅，俨然少游再生"。王象晋
将秦少游、张綖两家词"合璧"，他的初心是好的，但他的诗词学
养不够，态度也不严谨，既没有查访《张南湖先生诗集》刻本，也
没有考证淮海词版本的源流，轻心易念，将两家词相混，造成了
恶劣的影响。此后以讹传讹。康熙年间，王奕清等编订的《钦
定词谱》卷十四《行香子》调即以"树绕村庄"为范词，署名秦
观。要知《钦定词谱》是清代词人倚声填词的范本，此书定《行
香子》（树绕村庄）为秦观词，大有"钦定"的意味啊。

唐圭璋先生《全宋词》"秦观词"卷、徐培均先生《淮海居
士长短句笺注》将《行香子》（树绕村庄）列入"存疑"，显然
显示了学术的严谨。龙榆生先生《唐宋词格律》"行香子"选

"树绕村庄"作为范词之一,虽署名秦观,但又作了小注以表存疑:"此据康熙《词谱》卷十四所录,汲古阁本《淮海词》及宋本《淮海居士长短句》皆无。"如今该到剔除的时候了。

《行香子》(树绕村庄)署名秦观,被铺天盖地地传唱,大有积重难返之势。但真相就是真相,《行香子》是张绖的作品,收在《张南湖先生诗集》,堪称铁证。但话又说回来,虽然《行香子》不是秦少游的作品,但张绖宗法少游词几乎达到了乱真的地步,"秦张合璧"绝不是空穴来风。四百年之后,家乡高邮又出现了一个著名的词人张绖,少游地下有知也会感到欣慰吧。

第四编

少游岂独女郎诗

遗山酷评女郎诗,岂减春风绝妙辞。

笔底澜翻多样锦,古藤醉卧最堪悲。

——《读少游诗》

独树一帜的诗人秦少游

秦少游又堪称独树一帜的诗人,以诗名重当时。而相当一部分读者对秦少游的知赏只局限于《淮海词》,而忽略了他诗的成就。秦少游《淮海集》现存诗有四百余首。其诗题材不一,咏怀诗、田园诗、山水诗、咏史诗、题画诗、酬唱诗等,不一而足。体式亦多元,古体近体,长短相宜,各得其所。秦少游专意读书,又喜游历,能得江山之助。秦少游作诗极为用心,对文字的琢磨甚为细密。

金人元好问讥少游诗是"女郎诗",南宋敖陶孙也有"秦少游如时女步春,终伤婉弱"语。其实,少游诗哪里只是"女郎诗"所能局限的!纵然是女郎诗,那女郎般的清新妩媚,活色生香,令人赏心悦目,亦何尝不是真美!请看《春日五首》其二:"一夕轻雷落万丝,霁光浮瓦碧参差。有情芍药含春泪,无力蔷薇卧晓枝。"委实有唐诗的风神情韵。再如《泗州东城晚望》:"渺渺孤城白水环,舳舻人语夕霏间。林梢一抹青如画,应是淮流转处山。"《秋日三首》其一:"霜落邗沟积水清,寒星无数傍船明。菰蒲深处疑无地,忽有人家笑语声。"诗人的慧心与画家的眼睛，合之双美。诗中有画有声，有动有静，宛然如水墨丹青。少游七律的功力亦不凡。如《次韵子由题平山堂》：

> 栋宇高开古寺间，尽收佳处入雕栏。
> 山浮海上青螺远，天转江南碧玉宽。
> 雨槛幽花滋浅泪，风卮清酒涨微澜。
> 游人若论登临美，须作淮东第一观。

平山堂和大明寺乃扬州的名胜。此诗写登临之美，琢句精巧，既大气包举，又细致入微。"山浮海上青螺远，天转江南碧玉宽。"这两句境界阔大，足称名句。值得一说的是，这首诗的影响深远，"淮东第一观"后来成了大明寺、平山堂的定评，经清代书法家蒋衡书写，至今嵌刻在大明寺的墙壁上，熠熠生辉，引人注目。

少游晚年贬谪岭南，艰辛备尝，诗风一变"严重高古"（吕本中《童蒙训》）。如《宁浦书事六首》其一："挥汗读书不已，人皆怪我何求。我岂更求荣达，日长聊以销忧。"

秦少游诗不及他的词风靡，在苏门中也不如苏东坡和黄庭坚那么声名显赫，但自成一家。钱钟书《谈艺录》指出："唐诗多以丰神情韵擅长，宋词多以筋骨思理见胜。"秦少游堪称宋代为数不多的具有唐诗丰神情韵的诗人之一。

秦少游笔下的四季田家风景

　　秦少游从五岁到三十七岁，大部分时间都生活在三垛农村，家里有田百亩，经常参加一些农事活动，对农村风习非常熟悉。少游观察入微，他的《田居四首》以风俗画的笔触精心描摹了农村一年四季春夏秋冬的图景。这组诗写于熙宁十年（1077）少游乡居期间。

　　我们先看《田居四首》打头的一首。所谓"一年之计在于春，一日之计在于晨"，农村是个什么样子呢？诗云：

　　鸡号四邻起，结束赴中原。戒妇预为黍，呼儿随掩门。
　　犁锄带晨景，道路更笑喧。宿潦濯芒屦，野芳簪髻根。
　　霁色披窅霭，春空正鲜繁。辛夷茂横阜，锦雉娇空园。
　　少壮已云趋，伶俜尚鸥蹲。蟹黄经雨润，野马从风奔。
　　村落次第集，隔塍致寒暄。眷言占月好，努力竞晨昏。

一听到公鸡打鸣，周边邻居都起来了，匆匆地穿好衣服赶往田野。临走的时候嘱咐妻子准备小米饭，又叫孩子随手带上门。

四邻扛着犁锄,一路上有说有笑,划破了清晨的空寂。隔夜下过大雨,泥路上积水纵横,乡民们的草鞋浸泡在泥水里。村姑们随手摘下野花一朵,簪在发髻上。天放晴了,太阳渐渐升起了,天空中呈现出缤纷的色彩。身旁的土坡上长满了辛夷草,山鸡在空旷的田野展示着它锦缎般的羽毛。春天是播种的季节,少壮劳力都下田劳动了,身体瘦弱的老人、小孩留在家里。蟹黄色的花儿经过雨的滋润,越发娇媚,田野里的青葱的气息像野马一样奔腾。村落栉比鳞次,村农隔着田地打招呼。难得月占好兆头啊,大家努力干活。

夏天是草木发荣滋长的时日,又是一个炎热的季节,乡村又是怎样的图景呢?少游写道:

入夏桑柘稠,阴阴翳虚落。新麦已登场,馀蚕犹占箔。

隆曦破层阴,霁霭收远壑。雌蜺卧沧漪,鲜飙泛丛薄。

林深鸟更鸣,水漫鱼知乐。羸老厌烦歊,解衣屡槃礴。

荫树濯凉飔,起行遗带索。冢妇饷初还,丁男耘有托。

倒筒备青钱,盐茗恐垂橐。明日输绢租,邻儿入城郭。

远远地看去,只见稠密的桑柘掩映着村庄,绿油油的。村民们刚收了麦子,晒在打谷场上,蚕事还未完,蚕宝宝躺在竹箔上等着上架。江淮过了黄梅雨季,到处艳阳高照,热气蒸腾。一曲清流,长虹卧波,清风在草丛里荡漾。林深水漫,那是鱼鸟的天堂。天热,老人们不耐酷暑,索性脱掉上衣,在桑树荫下乘凉。凉风吹来,像清凉的水洒在身上,快哉好风!凉爽快意,临走时竟落下了扎衣的带子。晌午的时候,到田里送饭的村妇回来了,她们的脸庞晒得黑黝黝的,可以叫一声"黑妹",可她们心里美滋滋的,家有劳力,庄稼有托了。但转眼又犯愁了,竹筒里的青铜钱寥寥可数,用完了,买盐买茶的钱恐怕就没有着落了。更令人忧心的是,明天还得去县衙交纳绢租。

少游描绘了一幅夏日农村画卷,工于写实,不虚饰,不美化。从他的画卷里,我们可以领略到乡村夏日不一样的风景,"林深鸟更鸣,水漫鱼知乐"是那样的和谐恬静,然而另一方面,又让我们看到了农民的辛苦、贫困以及沉重的负担。

七月流火,转眼入秋了。金秋是收获的季节,又带着草木摇落的悲凉,此时乡村的风景、人事该另有一番景象吧。还是先来读一读少游的诗吧。

昔我莳青秧,廉纤属梅雨。及兹欲成穗,已复颓星暑。
迟暮易昏晨,摇落多砧杵。村迥少过从,客来旋炊黍。
兴发即杖藜,未尝先处所。褰裳涉浅濑,矫首没孤羽。
丛祠土鼓悲,野堠鹧鸡舞。稚子随贩夫,老翁拜巫女。
辛勤稼穑事,恻怆田畴语。得谷不敢储,催科吏旁午。

诗人还记得黄梅时节的初夏,阴雨连绵,他冒着雨在田里插秧,等到快结成稻穗的时候,已经是大火星西流的秋天了。白天渐短,黑夜渐长,草木摇落而变衰,空中又响起了捣衣的砧杵声。村子大，离得远，平常大家少有来往，客人来了，即蒸小米饭，亦有田家风味。有时兴致来了，就随便走走，并没有确定的目标。遇到小河，揭起衣服就蹚过去，好在水浅，鸟儿天上飞鸣，举起头来已倏地飞过。神祠土鼓悲鸣，乡民们在祭祀，旷野的堤坝上鹍鸡翔舞。小孩子追逐在走村串户的小商贩后面看热闹，老翁向巫女下拜，保佑平安。稼穑事无非辛苦，田家语令人悲伤。丰收了却不敢储藏粮食，衙门小吏频繁下乡催租纳税。

少游写秋天的乡村多了一份闲适。毕竟他是读书人，追求悠游自得之趣。"兴发即杖藜，未尝先处所。褰裳涉浅濑，矫首没孤羽。"写足闲游乡村的快意。但少游不是旁观者，因为有参加劳动的体验，他对农民有深挚的同情。

一年的冬天是岁暮时节，也是农闲的时候。这个季节的田家生活又该另有一番景象吧。少游的诗写道：

> 严冬百草枯，邻曲富休暇。土井时一汲，柴车久停驾。
> 寥寥场圃空，跕跕乌鸢下。孤榜傍横塘，喧春起旁舍。
> 田家重农隙，翁姬相邀迓。班坐酾酒醡，一行三四谢。
> 陶盘奉旨蓄，竹箸羞鸡腒。饮酢争献酬，语阕或悲咤。
> 悠悠灯火暗，剌剌风飙射。客散静柴门，星蟾耿寒夜。

严冬季节，百草枯萎，邻居们闲暇的时间多起来了。该忙的农活都忙完了，有时去自家井边打打水，在厢房里舂舂米。柴车啊、小船啊都歇着了,场圃上静悄悄的,几只乌鸢从半空中下来啄食。乡民们有的是空闲,相互邀请,喝点酒,唠唠嗑。酒是自家酿的酒,有些浑浊,喝之前要过滤一下,菜也是自家的农家菜,无非鸡鸭鱼肉。他们争相献酬,酒酣耳热,心情不觉激动起来,声音也高起来了。一年忙到头,辛辛苦苦,还被苛捐杂税压弯了腰,该释放的时候就得释放。不知不觉天色暗了下来,外面寒风呼啸。客人散了,月亮星星挂在天上。

冬天的农村景象,历代诗人写得不多。少游笔下的冬日田家比较闲适,细节非常本色,像"寥寥场圃空,跕跕乌鸢下""陶盘奉旨蓄,竹箸羞鸡肭",富有农家气息。"语阕或悲咤"也表达了农民终年辛苦、食不果腹的悲愤,诗人点到即止。

秦少游的梅花绝唱

宋人最爱梅花，咏梅颇多佳作。尤其是林逋的《山园小梅》"疏影横斜水清浅，暗香浮动月黄昏"，被推为绝唱。秦少游也有一首咏梅诗，苏东坡激赏之，说"西湖处士骨应槁，只有此诗君压倒"（《和秦太虚梅花》）。"西湖处士"就是林逋——梅妻鹤子的林和靖。东坡认为少游此诗压倒林逋。真的吗？我们一起来看看。《和黄法曹忆建溪梅花》：

> 海陵参军不枯槁，醉忆梅花愁绝倒。
> 为怜一树傍寒溪，花水多情自相恼。
> 清泪斑斑知有恨，恨春相逢苦不早。
> 甘心结子待君来，洗雨梳风为谁好？
> 谁云广平心似铁，不惜珠玑与挥扫。
> 月没参横画角哀，暗香销尽令人老。
> 天分四时不相贷，孤芳转盼同衰草。
> 要须健步远移归，乱插繁华向晴昊。

这是一首七古,虽是友朋唱和之作,却远胜原韵。梅品即是人品,惜花即是怜人,梅与人合一。诗人从忆梅着笔,想象溪边梅花,花水多情、互相撩逗的情境,惘然若失,恨不能与梅花相逢相伴。诗人洞悉梅的心思。梅花仿佛在说:"我一直等着你,难道甘心结子,绿叶成阴吗?我在风雨中开放,风姿绝美,却无人观赏,究竟谁是我的知音呢?"唐代名相宋璟贞姿劲质,人疑其铁石心肠,而能写下《梅花赋》,吐辞婉媚,字字珠玑,何况纯情的文人呢?忆梅而梅已凋零,于是到梦中与梅相约相恋,梦中的梅化身为绝美的佳人,清丽淡雅,芳香袭人。梦醒时节,却是暗香销尽,人亦老去。诗人一想到"孤芳转盼同衰草",便想健步移梅而归,然后簪花满头,不负好时光。

"月没参横画角哀,暗香销尽令人老"是传诵的名句,不仅咏梅,而且抒发了年华消逝的哀痛,较之林逋的"暗香浮动"意蕴更为深沉。从这个角度来说,苏东坡夸赞少游此诗压倒林逋并非虚美。然而就林逋对梅花风神意态的描绘而言,"疏影横斜水清浅,暗香浮动月黄昏"确为咏梅绝唱,恐非秦少游所能压倒。

秦少游的"女郎诗"

秦少游的诗有阴柔之美,艳冶之态,有点像他的词。陈师道《后山诗话》说:"秦少游诗如词。"敖陶孙《臞翁诗评》:"秦少游如时女步春,终伤婉弱。"如《游鉴湖》"翡翠侧身窥渌酒,蜻蜓偷眼避红妆",《赏酴醾有感》"借问断肠缘底事?罗衣曾似此花香"等。最有名的要数《春日》:"一夕轻雷落万丝,霁光浮瓦碧参差。有情芍药含春泪,无力蔷薇卧晓枝。"金人元好问《论诗绝句》评云:"有情芍药含春泪,无力蔷薇卧晓枝。拈出退之山石句,始知渠是女郎诗。"少游"女郎诗"即由此而来,后人不察,随声应和,几成定评。元好问说少游诗是"女郎诗",不是正面评价,而是讥贬之词。

元好问在诗学上推崇刚健质朴的风格,所以他欣赏韩愈《山石》"山石荦确行径微,黄昏到寺蝙蝠飞"这样健朗的诗风。相比之下,少游的诗妩媚柔弱,所以不入他的法眼。元好问的观点也不是没有道理,从诗、词文体的分野来看,诗庄词媚,诗写得纤巧柔媚就失去了诗的品格。如晏殊《浣溪沙》"无可奈何花落去,似曾相识燕归来",堪称不可多得的名句,但是晏殊把这两句放到他的七律《示张寺丞王校勘》，就失之香软，撑不起来。再举一个例子。五代诗人翁宏有一首五律《春残》："又是春残也，如何出翠帷。落花人独立，微雨燕双飞。寓目魂将断，经年梦亦非。那堪向愁夕，萧飒暮蝉辉。""落花"两句虽不失为名句，但并不抢眼。晏几道将"落花人独立，微雨燕双飞"两句原封不动写进《临江仙》却有浑然天成之妙，运化胜于原创。就像李清照《词论》说的，词"别是一家"，诗与词气格不同。若从诗词分野的角度立论，元好问贬损"女郎诗"可备一说。

然而，如果从诗歌风格多元化的角度来看，元好问的观点就显得偏颇，甚至荒谬了。清人王敬之对元好问贬低女郎诗就颇为不满，《读秦太虚淮海集四首》其二云："异代雌黄借退之，偏拈芍药女郎诗。诗心花样殊今古，前有香奁知不知？"不同诗人，他们的"诗心"各有各的"花样"，今人古人很不同，就是同一时代的人也是面貌各异。晚唐诗人韩偓的"香奁体"抒写艳情自饶风韵。秦少游的"女郎诗"属于诗歌风格之一，也自有真美。就像当代小女人散文，作为独特的题材，阴柔的风格，也有它的读者群体。再说了，把一首诗比作"女郎"有什么不好呢？女郎般的婀娜多姿，活色真香，令人赏心悦目，不是真美是什么呢？再从修辞艺术来看，"有情芍药含春泪，无力蔷薇卧晓枝"拟人亦非常精妙。人们习惯上把女郎比作花，而少游却反而把花拟作女郎，有生命，有风姿，有情态，惹人怜爱。所以对"女郎诗"不可轻易否定。

秦少游的题画诗

　　秦少游的写景诗像水墨丹青,诗中有画意,他的题画诗也是一绝,诗与画融合无间,而且诗中有我。陆游对少游的题画诗颇为高看。《出游归卧得杂诗》诗云:"江村何处小茅茨,红杏青蒲雨过时。半幅生绡大年画,一联新句少游诗。"赵大年,字令穰,皇家宗室,善画山水小景。陆游观赏过少游题在赵大年江村风景图上的诗,诗画合一,非常的亲切,故有"一联新句少游诗"之句。少游给赵大年的画题诗不止一幅。请看《题赵团练江干晚景四绝》:

本自江湖客,宦游常苦心。
看君小平远,怀我旧登临。

鸟外云峰晚,沙头草树晴。
想初挥洒就,侍女一齐惊。

公子歌钟里,何从识渺茫。
惟应斗帐梦,曾到水云乡。

晓浦烟笼树，春江水拍空。

烦君添小艇，画我作渔翁。

  这组诗写于元祐六年（1091），当时少游在汴京供职秘书省。据考证，"江干晚景"这幅画系赵令穰所画。赵令穰任光州防御使，故称其"赵团练"。

  少游自元祐五年春入京以来，屡遭诋毁。这年五月，少游被任命为太学博士，谏议大夫朱光庭上奏朝廷，弹劾他"素号薄徒，恶行非一"，六月为秘书省校对黄本书籍。元祐六年七月，少游升任秘书省正字；八月，御史中丞赵君锡、侍御史贾易又交章诋毁他"不检"。罢正字，依旧校对黄本书籍。

  士大夫党争激烈，党同伐异，门户之见难以化解，这使少游对仕途产生了厌倦的情绪。以前没有做官的时候，就是一个自由的"江湖客"，想到哪就到哪，而现在呢，"宦游常苦心"，看着"江干晚景"水墨画，真的好怀念昔日登临的岁月啊！做官就是卖与帝王家，不啻是笼中之鸟。"鸟外云峰晚，沙头草树晴。"倘能置身其中，该会多么的惬意！画家江山卧游，飞到了"水云乡"，而少游就是在水云乡长大的，他的故里高邮三垛地处里下河地区，水网纵横，烟波浩渺。还是回归水云乡好啊！没有党争的倾轧，活脱脱一个逍遥江湖的渔翁，就像唐代的玄真子张志和《渔歌子》咏叹的那样"桃花流水鳜鱼肥"。想到这里，少游从心坎上迸出两句诗，"烦君添小艇，画我作渔翁"。

秦少游礼单中的高邮特产

高邮的特产很多,堪称舌尖上的高邮,最有名的当数鸭蛋,尤其是双黄蛋。如今的高邮大鸭蛋已驰名中外,差不多成为高邮的符号了。可你知道最早提到高邮大鸭蛋的是谁吗?我来告诉你,是秦少游!

元丰元年冬,少游从高邮寄土特产到徐州给老师苏轼。《寄莼姜法鱼糟蟹·寄子瞻》诗云:

鲜鲫经年渍醡酥,团脐紫蟹脂填腹。

后春莼茁滑于酥,先社姜芽肥胜肉。

凫卵累累何足道,饤饾盘飧亦时欲。

淮南风俗事瓶罂,方法相传为旨蓄。

鱼鳁虾醢荐笾豆,山蔌溪毛例蒙录。

辄送行庖当击鲜,泽居备礼无麋鹿。

说老实话,诗写得倒也不算抢眼,它的价值在于这份"礼单"。一方面是苏、秦师生友谊的见证,另一方面则记载了高邮的特产，别有风味。一长串的土特产，什么酒浸鲫鱼啊，填满脂膏的糟蟹啊，春天的莼菜啊，秋天的姜芽啊，鸭蛋啊，这些都是地道的淮南水乡风味。一句"团脐紫蟹脂填腹"，蟹黄老多的大螃蟹一下子浮现在眼前，让人馋得流口水。礼单中最引人注目的是"凫卵"——野鸭蛋。那时候的鸭蛋也就是高邮本地土产，名气还不算大，所以诗云"凫卵累累何足道"。

当然少游送给老师的这些食品都是腌制的，所谓"淮南风俗事瓶罂，方法相传为旨蓄"。《诗·邶风·谷风》云："我有旨蓄，亦以御冬。""旨蓄"就是指储藏的美味，"瓶罂旨蓄"则指用瓶瓶罐罐腌制储藏的食品。少游馈赠给老师的高邮风物，并不是什么山珍海味，所以在诗的最后写道："鱼鰊螷醢荐笾豆，山蔌溪毛例蒙录。辄送行庖当击鲜，泽居备礼无麋鹿。""笾豆"即礼食之器，竹子编的叫笾，木头做的叫豆。笾豆本为祭祀的礼器，因以笾豆代指祭祀。这四句的意思是：老师啊，送您的这些咸鱼咸蛋咸菜啥的，您就凑合着做过冬祭祀的供品吧，山蔌溪毛那些蔬菜啊不值钱，您也权当作菜肴收下吧。您啊就把这些土特产送进厨房姑且当作鲜货吧，可惜水乡没有麋鹿敬献给老师。

如今高邮的菜肴已经成为淮扬菜系的核心，其中就有少游提到的"莼姜法鱼糟蟹"。最值得骄傲的是，高邮咸鸭蛋已成为高邮最具代表性的食品，蜚声海内外！

诗中有画邗沟景

高邮是运河名城,随着运河申遗成功,运河的自然与人文景观越发受到关注。其实,对于运河的咏叹,自唐代就开始了,不乏名篇佳构。高邮至扬州这一段的运河处于邗沟段。

秦少游元丰年间乡居读书期间,不时从邗沟水路出发至扬州。他在《与李乐天简》中写道:"时复扁舟,循邗沟而南,以适广陵。"因为饱览了邗沟的秀色,秦少游词心诗笔皴染的邗沟颇有水墨丹青的韵致。《满庭芳》:

> 红蓼花繁,黄芦叶乱,夜深玉露初零。霁天空阔,云淡楚江清。独棹孤篷小艇,悠悠过、烟渚沙汀。金钩细,丝纶慢卷,牵动一潭星。　　时时横短笛,清风皓月,相与忘形。任人笑生涯,泛梗飘萍。饮罢不妨醉卧,尘劳事、有耳谁听?江风静,日高未起,枕上酒微醒。

"红蓼花繁,黄芦叶乱",典型的运河水乡风景。一叶扁舟飘荡在运河之上,或垂钓,或吹笛,或醉卧,无拘无束,笑傲风月,何等潇洒!

秦少游对运河之秋情有独钟。再看《秋日三首》其一:

> 霜落邗沟积水清,寒星无数傍船明。
> 菰蒲深处疑无地,忽有人家笑语声。

《还自广陵四首》其三、其四:

> 邗沟缭绕上云空,坐阻层冰不得通。
> 赖有东风可人意,为开明镜玉奁中。
>
> 天寒水鸟自相依,十百为群戏落晖。
> 过尽行人都不起,忽闻冰响一齐飞。

这三首诗写的是秋冬季节的邗沟。诗人的慧心与画家的眼睛,合之双美。诗中有画有声,有动有静,可谓"状难写之景,如在目前;含不尽之意,见于言外"(梅尧臣语,见欧阳修《六一诗话》)。

《秋日》描绘了寒星闪烁下的邗沟夜景。霜落邗沟无声无息,只觉积水清莹。寒星无数倒映在水中,水光与星辉交织,分外澄澈。水如琉璃滑,船不知不觉到了菰蒲深处。乍以为一片水域,全无人家,突然远处传来了笑语声,打破了岑寂。"菰蒲"两句出人意表,写足水乡村落的特有情境。

冬天的邗沟结冰了,航程受阻,枯坐船中百无聊赖,这时一阵可人的东风吹来,邗沟解冻了,碧波荡漾,清澈如镜。天气寒冷,水鸟也仿佛抱团取暖,十百为群在夕阳下嬉戏。舟行穿梭,人来人往,它们都懒得起来,忽然听到破冰的声响,一齐惊飞在云空。"忽闻冰响一齐飞"真真是传神之句,出人意表,一下子把人们的目光齐刷刷地引向了天空。

少游这几首诗词堪称吟咏运河的名作,意境之美令人神往。如今的邗沟和高邮湖水系连成了一片无边无际的水域,菰蒲深处更是神秘的所在,十百为群的水鸟叫得更欢,飞得更自由。

始觉身从天上归

元祐五年（1090），秦少游从蔡州教授的任上遴选入京，进入秘阁，担任校对黄本书籍。官职的级别不高，亦非断事官，但他颇有优越感。这并非我们的想当然，有诗为证。少游《晚出左掖》七绝诗云："金爵觚棱转夕晖，翩翩宫叶堕秋衣。出门尘障如黄雾，始觉身从天上归。""金爵觚棱"指的是凤阙，也就是皇宫的望楼，屋角有铜质凤凰的装饰，立在一个有棱角的酒杯上。"金爵觚棱"是有出典的。班固《西都赋》云："设璧门之凤阙，上觚棱而栖金爵。"这首诗的意思是黄昏时分，斜阳从皇城的凤阙上冉冉地西沉，翩翩飞舞的秋叶落在衣服上。走出皇城信马于街市，只见车马扬起的尘土，像布障一样的雾霾，上边泛着金黄的夕照，突然有一种从天上归来的感觉。

那么，少游这种特殊的优越感是从哪来的呢？一言以蔽之，馆阁之士的身份。何为馆阁？就是昭文馆、史馆、集贤院和秘阁的简称，其功能就是兴文教、聚图书、储人材。馆阁初建于宋太祖时期，建制完善于太宗王朝。北宋号称崇文盛世，馆阁堪称仕宦之清望，精英之渊薮，太宗曾多次视察馆阁，赏赐词臣。所以，文人进入馆阁，就意味着成为天子近臣，是非常体面的事情。

入职馆阁是少游多年来梦寐以求的事情，一朝实现了，心里是非常激动的。然而论者对他却有大大的误解。据《王直方诗话》记载：

> 秦少游晚出左掖门，有诗云："金雀觚棱转夕晖，飘飘宫叶堕秋衣。出门尘涨如黄雾，始觉身从天上归。"识者以为少游作一黄本校勘而炫耀如此，必不远到。

少游说"始觉身从天上归"，并不是说自己官位有多高，而是说馆阁乃水木清华之地，诚为天下文士之妙选，深得帝王的眷顾。少游心理上的优越感确实是有的，但要说"作一黄本校勘而炫耀如此"云云，委实是极大的误解。至于仕途上不能远到，是因为新旧党争的原因，跟炫耀不炫耀没有关系。

早在蔡州进入馆阁之前，少游就在策论《官制上》写道："馆阁者，图书之府，长育英材之地也。从官于此乎次补，执政于此乎递升，故士非学术艺文屹然为一时之望者，莫得而居之，可谓天下之妙选矣。"馆阁为"长育英材之地"，执政都由此递升而来，可见地望之高。言下之意，自己也是"学术艺文屹然为一时之望者"，应在朝廷备选之列，照他看来进入馆阁只是一个时间的问题，因而竭力主张"慎惜馆阁之除，以待文学之士"。质言之，少游的优越感、自豪感跟官职的级别无关，而是来自大宋王朝右文崇儒的国策以及帝王对馆阁的优礼。

秦少游的游仙诗

　　秦少游具有丰富的想象力,常常游心汗漫,尤其是处于逆境之时。他在流放期间写的《游仙二首》云游天界,凡仙晤对,极浪漫之能事。录诗如下:

　　服形百神朝,刳心万缘尽。我无退转境,何以有精进?
　　戏为汗漫游,八极一何近!渺渺东海水,累累北邙坟。
　　向来歌舞处,忽复成荒村。愚人如鹿耳,其死了无魂。
　　孰知九霄间,玄圃枕昆仑?缁尘化人衣,苍萝谁与扪?

　　云车自天来,驾言游混茫。手持太一节,身佩使者章。
　　龙虎傍夭矫,马龟伏以翔。朝元紫微上,所睹浩难量。
　　宝网结万珠,参伍相焜煌。花品不知数,妙英拆玄房。
　　宫殿随人身,处处辄清凉。危髻擢贞玉,高谢人间妆。
　　二三古须眉,冠云带含光。遗我飞霞佩,副以明月珰。
　　再拜敬服之,百毛发灵香。

精骛八极的仙界之游何等惬意！诗人挣破现实的枷锁，让心灵获得了自由。诗人在天上俯视人间，看着"渺渺东海水"的奔腾不息和"累累北邙坟"的荒凉惨淡，悟出了天地的无穷与人生的短暂，发出了"向来歌舞处，忽复成荒村"的浩叹。不如浮游在九霄云外，盘桓于昆仑玄圃，手扪苍萝，隔绝世俗。

少游想象自己乘着云车，以人间使者的身份造访仙界，看到的是无数的珍宝与鲜花，他在清凉的仙宫中与仙女仙翁对话，不仅得到了飞霞佩、明月珰的馈赠，也获得了身心的快适与精神的升华。

秦少游的饮酒诗

当身心痛苦的时候，浮沉曲蘗、纵浪大化就是最好的选择。秦少游的酒量似乎并不大，可一旦投荒万死，也只有在醉乡中才能忘却现实的痛苦。他在雷州写的《饮酒诗四首》是他精神状态的写照：

> 我观人间世，无如醉中真。
>
> 虚空为消陨，况乃百忧身。
>
> 惜哉知此晚，坐令华发新。
>
> 圣人难骤得，得且致贤人。
>
> 左手持蟹螯，举觞瞩云汉。
>
> 天生此神物，为我洗忧患。
>
> 山川同恍惚，鱼鸟共萧散。
>
> 客至壶自倾，欲去不容间。
>
> 客从南方来，酌我一瓯茗。
>
> 我酌初不啜，强啜且复醒。

既凿浑沌氏，遂出华胥境。

操戈逐儒生，举觞还酩酊。

雷觞淡如水，经年不濡唇。

爰有扰龙系，为造英灵春。

英灵韵甚高，蒲萄难为邻。

他年血食汝，应配杜康神！

　　诗人的"百忧身"在醉乡中尽情享受着快适，洗去了忧患，心境顿时萧散。所谓"圣人"就是绝顶佳酿的代称，"贤人"则代指一般的好酒。尽管在这南荒之地难得最好的美酒，但只要是酒，那就是"神物"，为我化解人生的忧患。一手持蟹螯，一手举酒杯，何等快适！说到底喝酒喝的是心情。一旦酩酊，就进入了华胥梦境，穿越到上古的淳朴之世，没有机诈之心，没有朋党之争。还好，雷州当地有一种名叫"英灵春"的酒，自斟自酌，自有一番韵味，喝起来比葡萄酒好很多。曹孟德《短歌行》诗云："对酒当歌，人生几何"，"何以解忧，唯有杜康"。当少游沉浸在醉乡中的时候，他情不自禁地向传说中的造酒祖师——杜康——顶礼膜拜！

秦少游的阿 Q 精神

秦少游的性格中多少有点阿 Q 精神。绍圣元年（1094）春，少游由馆阁校勘出为杭州通判。虽然从京官贬到地方有些失落，但还能自我调侃。杭州毕竟是东南第一大都会，湖山之美甲于天下，"有三秋桂子，十里荷花"（柳永《望海潮》）。在去杭州赴任的水路上，他写道：

> 俯仰觚棱十载间，扁舟江海得身闲。
> 平生孤负僧床睡，准拟如今处处还。

"觚棱"本指京都皇城的望楼，这里指代汴京，这句的意思是说咱在京城当官俯仰之间已经十年了。"十载"云云其实是少游夸口的说法。元祐五年（1090）少游由蔡州教授调入汴京，绍圣元年春出京，满打满算也就是四年的时间。不过，"十载"的心理时间确实写出了少游在汴京悠游馆阁的栖居状态，真所谓"春风得意马蹄疾，一日看尽长安花"（孟郊《登科后》），有道是人心情愉悦的时候就会觉得时间过得快。"扁舟江海得身闲"

这句令人联想到他的老师苏东坡贬谪黄州时期写的《临江仙》"小舟从此逝,江海寄余生"的话头,但是师生的心理感觉还是大不一样的。苏轼因乌台诗案被贬为黄州团练副使,不但无权签署公事,还受到地方上的监视,内心是苦闷的,所以想摆脱现实的牢笼,驾起一叶扁舟飘荡于江海之上。而少游下放到杭州任杭州通判,也就是杭州知州的副手(相当于今天杭州市的副市长),级别和待遇几乎落差不大,而且地方极好,所以心情并未黯然神伤,自然会有"扁舟江海得身闲"的适意。言下之意,我在京城做官已经多年了,早已厌倦了,离开京城,这下可以做一个参禅悟道、逍遥方外的闲人了。

秦少游对自己曾经的翰苑馆阁身份始终有一种矜持的优越感。请看他的《送酒与泗州太守张朝请》:

> 莫笑杭州别驾村,昔曾柱下数承恩。
>
> 而今虽是江湖吏,犹有当时七字尊。

"杭州别驾"即杭州通判,"别驾"也就是通判的别称。"村"是倒霉、运气不好的意思。诗中所云"柱下数承恩"指的是元祐八年(1093)担任国史院编修官期间,皇家礼遇学士,时有砚墨、纸笔、器币之赐。所谓"七字尊"用的是宋仁宗时期名臣吕溱的典故。据《宋史·吕溱传》记载:

> (溱)进知制诰,又出知杭州,入为翰林学士。……溱

开敏,善议论,一时名辈皆推许。然自贵重,在杭州接宾客,不过数语,时目为"七字舍人"云。

老实说呢,少游以"杭州别驾"的身份攀比人家吕溱委实有些高自标置,俨然一副馆阁大名士的派头,简傲持重之态如在目前。北宋王朝乃崇文盛世,从太祖赵匡胤开始,历代帝王皆重视馆阁,视之为天下精英之渊薮,秦少游有此自豪感自非无因,但多少还是给人阿Q精神胜利法的感觉,就像阿Q说的"我们先前——比你阔的多啦!"

秦观还未到达杭州,又因增损《神宗实录》被新党耳目抓住把柄,改贬监处州酒税。处州就是今天的丽水,地处浙江北部,位置比较偏僻。因为是贬谪的党人,当地官员对他态度恶劣,没有给他安排官邸,住房简陋几有曝露之忧。眼前的困窘常常逗起他对京城往事的回忆,那时交通五侯七贵,征歌逐舞,放浪形骸,何等快意!且看《春日杂兴十首》其七:

昔我游京室,交通五陵间。主客各英妙,袍马相追攀。
千金具饮啜,百金雇吹弹。嘤弁罗广席,当头舞交竿。
鲜妆耀渌酒,采缬生风澜。灯烛暗夜艾,士女纷相班。
欢娱易徂歇,转盼如飞翰。罍罍负孤愿,离离衔永叹。
山鸟窥茗饮,檐花笑蔬餐。弃捐勿重陈,事定须盖棺。

又《题务中壁》:

醉头春酒响潺潺,垆下黄翁寝正安。

梦入平阳旧池馆,隔花螭口吐清寒。

雅集的场面越是写得如火如荼,如在目前,越是彰显阿Q心态,
不过的确能冲淡眼下落魄的忧愁,给自己的贬谪生涯带来若干
亮色。所谓"平阳旧池馆"实际指的是当朝驸马李端悫的官邸,
少游曾经应邀赴宴,参加聚会者皆是一时俊彦,宴席上美女如
云,翩翩起舞,音声跌宕,哀感顽艳。如今啊喝着粗陋的茶水,吃
着简单的菜蔬,连山鸟檐花都笑话我的落拓吧。少游躺在处州
酒税官署,听着潺潺的酒声,在酽酽清冽的酒香中,不觉进入了
黄粱春梦,飞到了京城贵邸。虽说眼下"矗矗负孤愿,离离衔永
叹",但谁说死灰不能复燃呢? 由此他想到朝廷那些用事的新
贵——"桃李"。《春日杂兴十首》其九:

桃李用事辰,鲜明夺云绮。

繁华一朝去,默默惭杞梓。

时徂鹰化鸠,地迁橘为枳。

独有羡门生,后天犹不死。

那些新党新贵们如"桃李"般灼灼抢眼,炙手可热,但繁华终究
是一时的,自己才是耐寒的材质——"杞梓"。就算运交华盖,
"鹰化鸠,橘为枳",也不必气馁,只要像仙人羡门生那样长寿,
一定能迎来政治命运的转机。

本着乐观的心态，少游照常饮美酒，赏美人。《处州闲题》诗云："清酒一杯甜似蜜，美人双鬓黑如鸦。莫夸春色欺秋色，未信桃花胜菊花。"诗人以秋菊自比，诗中洋溢着战胜"桃花"（新贵）的自信。令人联想到唐人刘禹锡的《再游玄都观绝句》："百亩庭中半是苔，桃花净尽菜花开。种桃道士归何处？前度刘郎今又来！"正因为他心态平稳，睡得也香，梦境很黑甜，很唯美。

此身分付一蒲团

　　秦少游受家庭影响,早年就有长斋礼佛的习惯,且精研佛道,贬谪到处州监酒税之后,更对佛门净土有了强烈的皈依之心。有诗为证。《处州水南庵二首》:

　　　　竹柏萧森溪水南,道人为作小圆庵。
　　　　市区收罢鱼豚税,来与弥陀共一龛。

　　　　此身分付一蒲团,静对萧萧玉数竿。
　　　　偶为老僧煎茗粥,自携修绠汲清宽。

《题法海平阇黎》:

　　　　寒食山州百鸟喧,春风花雨暗川原。
　　　　因循移病依香火,写得弥陀七万言。

　　一句"此身分付一蒲团",大有归心佛道之想。当他收罢市区的鱼豚税,隐身竹柏萧森的法海寺,静对弥陀,抄写佛经时,内心一派虚静平和。但他"因循移病依香火,写得弥陀七万言",还是被暗中窥伺的政敌抓住了把柄,遭到了削秩流徙郴州的严厉处罚。《宋史》本传记载:"(少游)贬监处州酒税。使者承风望指,候伺过失,既而无所得,则以谒告写佛书为罪,削秩徙郴州。"王明清《挥麈录馀话》卷二说得更为醒豁:"绍圣初,治元祐党人。秦少游出为杭州通判,坐以修史诋诬,道贬监处州酒税。在任,两浙运使胡宗哲观望罗织,劾其败坏场务,始送郴州编管。"所谓"谒告"就是官员请假。在假期里抄写佛经与佛结缘何罪之有?"败坏场务"云云不过是新党眼线掩人耳目的无稽之谈。新党集团对元祐党人的迫害令人不寒而栗。清人王敬之就颇为少游鸣不平,《读秦太虚淮海集四首》其三:"罪状搜求到佛书,台中白简意何居?汗牛著作今还在,一笑当时禁网疏。"

少游离开处州前,曾往山寺修忏三日,并作诗诀别。《留别平阇黎》诗云:"缘尽山城且不归,此生相见了无期。保持异日莲花上,重说如今结社时。"又作跋数语:"绍圣元年,观自国史编修官,蒙恩除馆阁校勘,通判杭州,道贬处州,管库三年,以不职罢。将自青田以归,因往山寺中修忏三日,书绝句于住僧房壁。"此诗以陶渊明与高僧慧远结莲花社自比处州三年期间的方外之游,看得出来,少游皈依佛禅,以道自遣,大大淡化了迁谪的忧伤。

秦少游的怀乡诗

秦少游人生的最后七年是在流放中度过的。他思念乡土，想回到魂牵梦萦的高邮，在宁静的乡村度过余生。最感人的怀乡诗，写于广西的横州，即《宁浦书事六首》：

挥汗读书不已，人皆怪我何求。
我岂更求荣达，日长聊以销忧。

鱼稻有如淮右，溪山宛类江南。
自是迁臣多病，非干此地烟岚。

南土四时尽热，愁人日夜俱长。
安得此身作石，一齐忘了家乡。

洛邑太师奋谢，龙川仆射云亡。
他日岿然独在，不知谁似灵光？

身与杖藜为二，对月和影成三。
骨肉未知消息，人生到此何堪！

寒暑更挤三十,同归灭尽无疑。

纵复玉关生入,何殊死葬蛮夷!

　　生命的桃花源和醉乡找不到,少游在现实中满腔的忧愁无处释放,他只能通过读书排遣。你看他炎炎夏日"挥汗读书不已"的样子,会以为他"更求荣达",可他却说"日长聊以销忧"。东汉末年的才子王粲以登楼销忧,少游以读书销忧,寻求解脱的方式不同,但都是人间失意之人,此时的秦少游又何尝不以王粲自比呢? 岭南的鱼稻溪山与淮右江南无乎不同,触物伤情,岂能无感? 说到底"迁臣多病"非关瘴气,而是思乡啊! 岭南天气酷热,日夜俱长。倘能变成一块石头,忘记家乡该多好! 真真是透骨情语,奔迸而出!

　　少游乃元祐党人,就在这前一年的春夏之际元祐党魁文彦博、吕大防去世,他禁不住地怀念他们。像这样的元老耆旧一个个地走了,还有谁似鲁殿灵光"岿然独在"呢? 看来少游对于自己的政治选择从来没有动摇过。少游南贬,妻子儿女没有随同前来,他一个人被拘禁在他乡,"身与杖藜为二,对月和影成三",此种骨肉暌隔的况味,"人生到此何堪"! 投荒万里,"死葬蛮夷"诚为恨事,就算活着回去,人生遭此重创,又有何生趣? 哪里能跟班超立功边塞,"玉关生入"同日而语呢?

　　这组诗透现出"愁人"不能释怀的逐客之悲。吕本中《童蒙训》说:"少游过岭后诗,严重高古,自成一家,与旧作不同。"可称知言。

秦少游的生命哀歌

秦少游忧郁型的气质最终阻碍了他一路向上的精神,也严重损坏了他的身心健康。元符三年(1100),少游在流放地海康写了《自作挽词》(昔鲍照、陶潜自作哀挽,其词哀。读予此章,乃知前作之未哀也):

> 婴衅徙穷荒,茹哀与世辞。官来录我橐,吏来验我尸。藤束木皮棺,槁葬路傍陂。家乡在万里,妻子天一涯。孤魂不敢归,惴惴犹在兹。昔忝柱下史,通籍黄金闺。奇祸一朝作,飘零至于斯。弱孤未堪事,返骨定何时?修途缭山海,岂免从阇维?荼毒复荼毒,彼苍那得知!岁晚瘴江急,鸟兽鸣声悲。空蒙寒雨零,惨淡阴风吹。殡宫生苍藓,纸钱挂空枝。无人设薄奠,谁与饭黄缁?亦无挽歌者,空有挽歌辞。

其实少游贬谪在雷州半岛的时候,苏轼也在海南儋州,师生隔海相望。老师所遭遇的挫折比他大多了,却能忘情得失,纵意所如。

东坡旷达,少游脆弱,师生之间的差距就在于此。最令人悲摧的是明明自己是个大活人,偏偏要说死。

这首诗概括起来就是一个"哀"字,无尽伤痛,抒发了党争"奇祸"所造成的流徙南荒的深哀巨悲。诗里悬揣死后的种种凄凉景象,不仅魂归故里的机会没有,而且竟沦为饿鬼,此种悲情真是有声当彻天,有泪当彻泉!苏轼《书秦少游挽词后》说"少游齐死生,了物我,戏作此语,无足怪者",其实是一种误读。就像胡仔《苕溪渔隐丛话》后集卷三所指出的那样:

> 渊明自作挽辞,秦太虚亦效之。余谓渊明之辞了达,太虚之辞哀怨。渊明三首,今录其一云:"有生必有死,早终非命促。昨暮同为人,今旦在鬼录。魂气散何之,枯形寄空木。娇儿索父啼,良友抚我哭。得失不复知,是非安能觉。千秋万岁后,谁知荣与辱?但恨在世时,饮酒不得足!"太虚云:(诗略)。东坡谓太虚"齐死生,了物我,戏出此语",其言过矣。此言惟渊明可以当之;若太虚者,情钟世味,意恋生理,一经迁谪,不能自释,遂挟怼而作此辞。岂真若是乎?

"情钟世味,意恋生理,一经迁谪,不能自释"十六字堪称秦少游自挽心态之的评,绝不是东坡说的什么"齐死生,了物我"。不过,胡仔贬低少游"挟怼"自作挽词并疑其不真,持论却是偏颇的。秦少游与陶渊明所处的时代、境遇不一样,他本不是忘情荣辱的人,为什么一定要以陶渊明的挽词标准去衡量他呢？少游此诗设想身后的种种,呵壁问天的悲怆,想象力之非凡,琢句之精炼,意象之流转,皆令人惊叹。而且此诗有"诗史"之价值,透过此诗,可以想见绍圣党争之残酷。

第五编

少游文章自不凡

秦少游文备众体

一篇黄楼屈宋才

《叹二鹤赋》对宠辱的感慨

秦少游的经世之学

秦少游的政治思想

秦少游的军事思想

秦少游的人才学思想

秦少游的治安之策

秦少游对「具臣」的否定

秦少游对李陵的批判

秦少游论「托身于疑似之间」

秦少游论「事势之流相激」

秦少游论鲁肃借荆州

秦少游论君子的妥协

秦少游论朋党政治

秦少游论私恩与公义

秦少游论天下之祸

秦少游论有道之士与有才之士

秦少游论韩愈「集大成」

谁知少游精蚕事

秦少游的《谢及第启》

秦少游的千谒之文

秦少游的贺启

秦少游的游戏之文

秦少游的寓言体小说

秦少游托二侯以讽世

《眇倡传》：针砭与励志

秦少游报苏公的尺牍

秦少游的《掩关铭》

秦少游祷告上天的青词

秦少游的《书晋贤图后》

秦少游的《辋川图跋》

秦少游谈读书

秦少游与杭州龙井

卷卷怀归今得归

秦少游也是书法家

秦郎国士本无双,岂是靡靡小石腔?

策论忧心关大计,危楼独倚望长江。

——读《淮海集》

秦少游文备众体

　　秦少游亦是文章家。《宋史》本传说他"长于议论,文丽而思深",苏轼赞其"词采绚发,议论锋起"(《辨贾易弹奏待罪札子》),又说"少游文章如美玉无瑕,又琢磨之功,殆未有出其右者"(李廌《师友谈记》引苏轼语)。秦少游的《淮海集》文备众体:有文学之文,有实用之文,有论理之文,有论事之文,有序跋,有尺牍,有叙记,有杂说,有寓言,佳作纷呈,不一而足。

　　少游《黄楼赋》被苏轼推许为"屈宋之才";《郭子仪单骑见虏赋》虽为律赋,文多拘忌,却语趣而流,亦称佳构;《叹二鹤赋》借鹤之命运批判世风之浇薄,寄托了文士失意的怀抱,有寓言之特点。《龙井题名记》则是小品文之佳构,行文简洁,寓情于景,意境荒寒幽深。少游的书启亦颇有意趣,有些系代言或干谒,出之以骈俪,措辞得体渊雅,如《谢王学士书》《贺吕相公启》。但最好的是师友之间的尺牍往还,素朴本色,亲切而感人,堪称绝妙的小品文,如《与苏公先生简》《与参寥大师简》等。

　　秦少游在文章学上推崇韩愈,重视博采众长以集大成:策论得力于贾谊、陆贽、苏轼，寓言取法柳宗元，尺牍有晋人的气韵；杂说则胎息韩愈为多，如《清和先生传》采用拟人化手法，代酒立传，想象奇特，语言饶有谐趣，虽是游戏文字，但又别有寓托，酒与人合而为一，人品寓于酒品，其笔法师法韩愈的《毛颖传》，其文风的博辩、恣肆，亦与韩文在伯仲之间。其《遣疟鬼文》亦模仿韩愈的《送穷文》。秦少游乃苏门才子，性情受东坡影响很大，有时嬉笑怒骂，酣畅淋漓，如《书晋贤图后》。总之，秦少游是出色的文章家，脱离少游的文章而论少游是偏颇的。

一篇黄楼屈宋才

秦少游有一篇文章获得了"屈宋之才"的美誉。此文是哪一篇呢？就是苏东坡给他的命题作文——《黄楼赋》。

宋神宗熙宁十年（1077）四月，苏轼赴任徐州知州，当年八月领导军民成功抵御特大水灾，次年于东门修堤城、建黄楼。此赋就是秦少游受苏轼嘱托为庆祝重九黄楼落成而作。兹录秦少游《黄楼赋》（并引）如下：

太守苏公守彭城之明年，既治河决之变，民以更生。又因修缮其城，作黄楼于东门之上，以为水受制于土，而土之色黄，故取名焉。楼成，使其客高邮秦观赋之。其词曰：

惟黄楼之瑰玮兮，冠雄堞之左方。挟光晷以横出兮，干云气而上征。既要眇以有度兮，又洞达而无旁。斥丹膹而不御兮，爰取法乎中央。列千山而环峙兮，交二水而旁奔。冈陵奋其攫拿兮，溪谷效其吐吞。览形势之四塞兮，识诸雄之所存。意天作以遗公兮，慰平日之忧勤。繄大河之初决兮，狂流漫而稽天。御扶摇以东下兮，纷万马而争前。象罔出而侮人兮，螭蜃过而垂涎。微精诚之所贯兮，几孤塘之不全。偷朝夕以昧远兮，固前识之所羞。虑异日之或然兮，复厌之以兹楼。时不可以骤得兮，姑从容而浮游。觉登临之信美兮，又何必乎故丘？觞酒醪以为寿兮，旅肴核以为仪。俨云髻以侍侧兮，笑言乐而忘时。发哀弹与豪吹兮，飞鸟起而参差。怅所思之迟暮兮，缀明月而成词。噫变故之相诡兮，道传马之更驰。昔何负而遑遽兮，今何暇而遨嬉？岂造物之莫诏兮，惟元元之自贻？将苦逸之有数兮，畴工拙之能为。慥哲人之知其故兮，蹈夷险而皆宜。视蚊虻之过前兮，曾不介乎心思。正余冠之崔嵬兮，服余佩之焜煌。从公于斯楼兮，聊裴回以徜徉。

这篇赋措词简洁，巧于立言。赋前小序交代了此赋的缘起和黄楼命名的由来，即"水受制于土，而土之色黄"。开头即紧扣黄楼着笔，以"瑰玮"二字总摄黄楼之神，接写黄楼之方位、规模、建制、特征等，体物写志，要言不烦，一座上干云气、要眇有度、洞达无旁而又不御丹雘、取法中央的百尺高楼赫然矗立于眼前。此楼依山傍水，处形胜之地，由此天然形胜自然联想到彭城之"诸雄"，那么彭城当代之英雄非苏公莫属，黄楼即为见证。由此转入对黄楼主人苏轼的歌颂。当彭城遭遇水灾时，狂流漫天，形势危急，苏轼本着"精诚"之念，亲率军民，宵衣旰食，胼手胝足，治河决之患，拯救民生，城池得以保全。抗洪写"苦"，正因为抗洪之"苦"，才有今日登临黄楼之"逸"。下文着重写苏公之逸趣。醇酒美人，哀丝豪竹，写尽文人之逸兴遄飞。一苦一逸，自有定数。最为难得的是苏公苦中有逸。苏轼因反对新法，屡遭贬谪，萍梗流移。"变故之相诡，遒传马之更驰"，适为他人生命运之写照。但苏公有哲人之风范："蹈夷险而皆宜。"此赋对苏轼的歌颂，颂而不谀，悦而不伪，允称得体。

此赋受骚体赋之影响，洵推楚辞之苗裔。苏轼回赠少游诗云："雄辞杂今古，中有屈宋姿。"（《太虚以黄楼赋见寄，作诗为谢》）近代林纾《淮海集选》亦云："'哀弹豪吹'以下四语，真掇得宋玉之精华，自是才人极笔。"可谓知言。从章法上看，此赋师承王粲《登楼赋》，颇得仲宣步骤。苏辙有同题《黄楼赋》之作，意在颂赞乃兄治水之功，题旨与秦赋并无二致，然立意、成就有高下之分。苏辙赋取法班固《两都赋》，设为客主问答，行文汪洋恣肆而失之繁冗，其立意亦只在"知变化之无在，付杯酒以终日"，流于凡近，不及秦赋之高简瑰奇。

《叹二鹤赋》对宠辱的感慨

这是一篇慨叹世事变迁、物是人非的赋作。从二鹤的宠与辱联想到君与臣的关系。《叹二鹤赋》：

> 广陵郡宅之圃，有二鹤焉，昂然如人，处乎幽闲。翅翮摧伤，弗能飞翻。虽雌雄之相从，常悒悒其鲜欢。时引吭而哀唤，若对客而永叹。圃吏告予曰：此紫微钱公之鹤也。公熙宁时实守此邦，心虚一而体道，治清净而忘言。既不耽乎豆觞，又不嗜乎匏弦。惟此二鹤，与之周旋。居则俯仰于宾掾之后，出则飞鸣乎导从之先。故鹤之来也，则知使君之将至；鹤之往也，则知使君之将还。是时，一郡之人好甚于姻，敬愈于客；如爱子之居家，若宠臣之在国。昼从乎风亭之滨，夜栖乎月观之侧。谓此幸之可常，颇超摇而自得。逮公之去，于今几时。人各有好，鹤谁汝私？具名物于有司，鸡鹜易而侮之。傍轩楹而蒙叱，历阶戺而遭麾。惟主人之故客，间一遇而嗟咨。余闻而叹曰：噫嘻！有恃而生者，失其所恃则悲。彼有啄乎广莫之野，饮于清泠之

渊,随林丘而止息,顺风气而腾骞。一鸣九皋,声闻于天。若然者,又岂卫侯之能好,而支遁之可怜哉?

二鹤为钱公辅所养。公辅,字君倚,常州武进人。神宗时任知制诰、命知谏院。熙宁中因反对王安石变法,出知江宁府,徙知扬州。熙宁五年十一月卒,年五十二。

此赋通过二鹤的境遇变迁,抒发了"有恃而生者,失其所恃则悲"的慨叹。一个"恃"字为文眼之所在,有恃或失恃关乎宠辱。当其主人钱公在世之时,二鹤雌雄相从,何其矜贵自得,超摇适意,而一旦主人离去,失其所恃,则为鸡鸭所折辱,蒙卑吏之呵斥。人世无常,风波诡谲,命运的变幻莫测常令人心生凄惶。

文章最后归心老庄,抒发了逍遥无为、无所依傍的愿望:"彼有啄乎广莫之野,饮于清泠之渊,随林丘而止息,顺风气而腾骞。一鸣九皋,声闻于天。"逍遥无待的理想诚然令人向往,可是现实很骨感。在封建社会,君臣关系无所逃于天地之间,"依附"是古往今来几乎所有文士的唯一安身立命之法。少游在慨叹二鹤命运的同时,也无疑在为千古文士的身不由己发一声浩叹。

文中之鹤无疑喻指清高隐逸之士,他们孤标傲世,"既不耽乎豆筋,又不嗜乎匏弦",却不为世俗所容。在鹤的身上,寄托了作者失意的怀抱。从艺术上看,此赋有寓言之特点,借鹤之命运批判世风之浇薄。写法上借鉴了柳宗元的《三戒》,但柳文讥刺峻刻,而秦赋意在悲慨。

秦少游的经世之学

　　秦少游确有经世之学，对国计民生颇多卓见，主要体现于策论与《蚕书》。宋哲宗元祐三年（1088）九月，时任蔡州教授的秦少游在苏轼、鲜于侁、曾肇等师友的举荐下，应制科（即贤良方正能言极谏科），献《进策》三十篇，《进论》二十篇。这五十篇策论，非集中写于一时，而是元丰初年至元祐二年间陆续写成的，虽有仕进的功利目的，却是情迫于中，意所欲言，剀切而有条理，绝非一般的干禄时文所能同日而语。少游《进策》三十篇，系统深入地阐述了他的治术、军事、财政、铨选、人材、官制、治安、役法等思想，直笔谠论，达于时变，切中时弊，具有经世致用的实学精神，有些见解至今仍不过时。如《人材篇》将人材分为成材、奇材、散材、不材四类，倡言重用奇材。成材过于理想化，可以说百年难遇。官场中占据官位的通常是散材和不材，这些人资质平庸，不思进取，动辄败事。奇材"卓然过人数等"，一旦被重用，定能建立不世功勋。但是他们"不能饰小行、矜小廉"，容易被曲解，遭人嫉恨，动辄被妖魔化，统治者若轻信谗言，求全责备，"奇材"将遭到冷落摈斥，甚至困顿至死。这样一来，朝廷中"散材"庸碌，"不材"为祸，"一旦有事，而常若乏人"。元祐时期党争剧烈，新旧党派之间互相抓小辫子、穿小鞋，给奇材的任用带来极大负面影响。少游的人材论产生于特定的政治背景下，具有鲜明的针对性。《进论》二十篇系历史人物论，少游立足当下政治语境，以古讽今，翻空出奇，能成一家之言。如《王导论》探讨东晋开国元勋王导杀周颛之事，立论新颖。文中对君子、小人、奸人的辨析堪称伐隐攻微。自古以来，奸人多托身于疑似之间而成漏网之鱼。《春秋》能"别嫌疑，明是非，定犹豫"，所以可贵。文章揭露王导之罪，但并没有全面否定王导之意，主要借此事申发《春秋》明察秋毫、"不虚美，不隐恶"的批判精神。本文表现出作者非凡的史识，敢于颠覆现成的结论。对托身疑似者的心理揣摩得深细无匹，真成铁案。

秦少游的策论"词采绚发，议论锋起"，既师承东坡，又上溯陆贽、贾谊及先秦诸子，博采众长，拟议而成变化，形成了自己的真面目。少游策论颇见胆识，笔锋直指帝王与宰执大臣，足见其器识与学术。黄庭坚《晚泊长沙示秦处度、范元实，用寄明略和父韵五首》其五赞云："少游五十策，其言明且清。笔墨深关键，开阖见日星。"明人张綖亦激赏之，认为他的策论"灼见一代之利害，建事揆策，与贾谊、陆贽争长，沉味幽玄，博参诸子之精蕴，雄篇大笔，宛然古作者之风"（《秦少游先生淮海集序》）。

少游的《蚕书》也值得一说。虽不满千字，却是一篇很有价值的农桑之文。文字高古简约，朴实无华，唯务有用于民生。此文全面介绍了养蚕技艺，从蚕生长、吐丝、结茧的全过程到养蚕的工具器械和避忌，以及西域蚕史，都有比较清晰的勾勒，具有高度的科学性和实用性。《蚕书》对保留我国古代养蚕资料，普及养蚕技术，起到了重要的作用。

秦少游的政治思想

秦少游策论以儒家思想为根本,以仁德为核心,达于时变,富于实践理性精神。像他的老师苏轼一样,秦少游的哲学思想比较复杂,佛道儒法杂糅,但以儒家思想为主体。他的理想是做一个器识与学术兼具的"真儒",像贾谊、陆贽那样经纶世务,直道而行,蔑视不作为、不担当、远危机、保禄命的"具臣"。他在《张安世论》《韦玄成论》等史论中颠覆西汉大臣张安世、韦玄成的名臣形象,尖锐批判了具臣的庸懦。他在《王朴论》中写道:"适用而不穷者,天下之真材也。材而不适用,用而有所穷,虽有高世之名、难能之行,实庸人耳,何有补于世耶?"他的策论颇见胆识,就像他在《贺苏礼部启》中说的那样:"决科射策,亟闻董相之风;逆指犯颜,屡夺史鱼之节。"笔锋直指帝王与宰执大臣。

秦少游策论不故放高论,而是靠船下篙,颇有务实的精神。秦少游议论政事,首先主张政令公开透明。在"人主之要术"上,秦少游力主相反相成,即政事之臣与议论之臣和而不同,差别中求平衡之道。他在《主术》篇指出:"政事之臣者,人主之股肱;

议论之臣者，人主之耳目。任政事之臣，而忽谏官，略御史，犹股肱便利而耳目盲聩也；任议论之臣，而轻宰相，薄执政，犹耳目聪明而股肱折也。要之，二者不可偏胜，使之适平而已。"议论之臣为谏官御史，他们虽发为异见，但对施政与权力的运作具有有效的监督。因而，秦少游主张人主对台谏之臣要有优容之心，给异端以空间，宜取其大节而略其小过。

秦少游的军事思想

　　清人王敬之说：元祐邑贤中，惟少游进策谈兵。（《小言集·宜略识字斋杂著》）所谓"进策谈兵"也就是他在《读秦太虚淮海集》诗中说的——"儒生壮节早筹边"。秦少游晓畅兵法，纯学《孙子》十三篇，策论中多军事之话题。文人论兵，秦少游堪与晚唐杜牧相媲美。他对友人陈师道说："往吾少时，如杜牧之强志盛气，好大而见奇。读兵家书，乃与意合，谓功誉可力致，而天下无难事。顾今二房有可胜之势，愿效至计，以行天诛，回幽夏之故墟，吊唐晋之遗人，流声无穷，为计不朽，岂不伟哉！"（陈师道《秦少游字序》）清代姚莹《论诗绝句六十首》论杜牧云："十里扬州落魄时，春风豆蔻写相思。谁从绛蜡银筝底，别识谈兵杜牧之。"这首诗也同样适用于少游。杜牧是秦少游的偶像，"绛蜡银筝"的浪漫与谈兵说剑的豪迈是对立统一的，关键是我们要有"别识"的眼光。

　　少游谈兵在同时代士大夫中卓尔不群，甚至超过了他的老师苏轼，委实不是"苏家议论"所能拘牵的。秦少游著有系列谈兵之作，如《将帅》《奇兵》《辩士》《谋主》《兵法》《边防上中下》

《李陵论》《王朴论》等。《将帅》论选将尤关国家大计。北宋中期以来，西北二边俱有边患，对于西夏、辽国的侵扰，北宋王朝不能有效地抵御，其弊端在于不能选将。宋代兵制是禁军制度，禁军由中央集中掌握兵权。朝廷为了防范武将拥兵割据，把禁军精锐聚集在京师，而且常常调防，使得兵不识将，将不识兵，兵无常帅，帅无常师。禁军外出作战，由皇帝派遣将帅，并由皇帝亲自制定作战方略，指示将领，甚至授以阵图。诸将领兵作战，须按照皇帝的部署行动，不得擅改。这样，宋军与外敌交战，将帅就不能临机处置，总是败多胜少。此文呼吁朝廷选用"天下之将"，赋以重权，"便宜从事"，"不烦庙堂之论"，可称剀切之论。正如重材尤重奇材，秦少游谈兵亦尤重奇兵。《奇兵》写道："兵之道莫难于用奇，莫巧于用奇，莫妙于用奇。"着重强调出奇兵以致胜的重要性，对"用奇"之道阐发透辟，且文笔恣放。明人徐渭评道："笔端奇横，是古今文中利器。"（徐渭评点《淮海集》）

秦少游论兵重"谋主""辩士"，撰成专篇论述之，足补前代兵家之缺略。《谋主》云："臣病夫世之论兵者，止知重将帅之选，急士卒之练，讲器械阵营之所宜，究山川形势之便，而推风角鸟占之说。至于谋主，则未始一言及焉。不知夫谋主者，一军胜败之枢机也。"又《辩士》云："所谓辩士者，必具三德，明五机，而利口者不与焉。……天下不用兵则已矣；如用兵，辩士不可无也。"秦文将谋主、辩士放在"胜败之枢机"的位置上，发人之所未发。秦少游精研《孙子兵法》而能不拘囿于《孙子兵法》，自开户牖，越世高谈，殊为难得。

秦少游的人才学思想

如前所述,秦少游不仅是北宋著名文学家,还是一个务实的政论家。据《宋史》本传记载,秦少游"长于议论,文丽而思深"。他的"议论"之文主要就是策论。秦少游诸多议论中,最为新锐的则是人才学思想。他的人才学思想历久弥新,至今仍不过时,对我们党和政府实行人才强国战略、人才体制机制改革犹有借鉴意义。

秦少游认为人才关乎国家之安危治乱,国家或政权的盛衰存亡取决于对待人才不同的态度。他在《袁绍论》中写道:"天下之祸,莫大于杀士。古之人欲有为于世者,虽负其豪俊杰特之才,据强大不可拔之势,疑若杀一士不足以为损益然,而未始不亡者何耶?士,国之重器,社稷安危之所系,四海治乱之所属也。是故师士者王,友士者霸,臣士者强,失士者辱,慢士者危,杀士者亡。"在他看来,袁绍的覆亡不在于官渡之战的失利,而是杀害谋士田丰。正因为"天下之祸,莫大于杀士",有志图王者要礼遇贤才,视之为心腹。人才既为"国之重器",执政大臣有责任为朝廷网罗人才为国效力,有道是"祸莫大于蔽贤,福莫长于荐士"(《上王岐公论荐士书》)。

秦少游认为人才的素质不外乎器识与学术,精英人才则"器足以任天下之重,识足以致无穷之远,学足以探天人之赜,术足以偶事物之变"(《上吕晦叔书》)。人才不是供在那儿让人观赏膜拜的,而是贵在实用,不务虚名。"材而不适用,用而有所穷,虽有高世之名、难能之行,实庸人耳,何有补于世耶!"(《王朴论》)归根到底,人才要接地气,"有补于世"。

秦少游人才学最重要的著作是《人材篇》,这是一篇人才分类学专论,在人才学史上具有重要的地位。他在《序篇》中阐述《人材》作意云:"鸟有凤,鱼有鲲,超绝之材,宜见阔略。作《人材》。"倡言重用奇材,隐然以奇材自比。录全文如下:

臣闻天下之材,有成材者,有奇材者,有散材者,有不材者。器识闳而风节励,问学博而行治纯,通当世之务,明道德之归,此成材者也。经术艺文、吏方将略,有一卓然过人数等,而不能饰小行、矜小廉以自托于闾里,此奇材者也。随群而入,逐队而趋,既无善最之可纪,又无显过之可绳,摄空承乏,取位而已,此散材者也。寡闻见,暗机会,乖物理,昧人情,执百有司之事无一施而可,此不材者也。古之人主,于成材则付以大任而备责之,于奇材则随所长而器使之,于散材则明赏罚而磨砺之,于不材则弃之而已。四者各有所处,然而奇材者,尤人主所宜深惜者也。盖天下之成材不世出,而散材者又不足以任能事,不材者适足以败事而已。是则任天下之能事者常取乎奇材。有奇材而不深惜焉，则将与不材同弃，而曾散材之不如矣。夫匠氏之于木也，梗楠豫章，易直而十围者，必以为明堂之栋、路寝之楹。七围八围者，虽多节，必以为高明之丽。拱把而上者，虽小栌，必以为狙猿之杙。稍修则以为榱桷，甚短则以为侏儒。至于液樠轴解、亚沉而易蠹者，然后以之爨也。今有梗楠豫章于此，七围八围，拱把而上，特以多节小栌之故，遂并弃之，岂不惜哉！人主用天下之材亦何以异于此。今国家之人材，可谓富矣。养之以学校，而取之以贡举，名在仕版者，无虑数万。然一旦有事，则常若乏人。何哉？以臣观之，未能深惜天下之奇材故也。盖不深惜天下之奇材，则用之或违其长，取之将责其备，虽有嵚崎历落、颖脱绝伦之士，执事者始以名闻，未及试之，而媒蘖其短者，固已圜视而起矣。夫奇材多自重，又不材者之所甚嫉也。以自重之势，而被甚嫉之毁，其求免也，岂不难哉！一旦有事，而常若乏人，其势之使然，无足怪也。昔孟公绰为赵魏老则优，不可以为滕薛大夫。裨谌能谋，于野则获，于邑则否。黄霸为丞相，功名损于治郡时。人固有所长，亦有所短也。皋陶喑而为大理，天下无虚刑。师旷瞽而为太宰，晋国无乱政。贤如萧何，而有市田请地之污；直如汲黯，而有谄心怨骂之鄙；文如长卿，而有临邛涤器之陋；将如韩信，而有胯下蒲伏之辱；吏如张敞，而有便面拊马之事。此数子者，责其备，则彼将老于耒耜之旁，死于大山岩岩之下耳,人主岂得而用之? 陛下即位以来,屡下明诏,举监官御史台阁学校之臣,刺史牧民之吏,与夫可备十科之选者,所得人材,盖不可胜数。臣愿陛下取其名实尤异者,用之而不疑。人情不能无小过。非有显恶犯大义,所当免者,宜一切置而不问,以责异时之功。则彼将输沥肝胆,捐委躯命,求报朝廷而不可得。一旦有天下四夷之事,何足患哉!

少游《人材篇》笔法隐承《庄子·人间世》大木的意象而来,以木材喻人材,将天下之材分为成材、奇材、散材、不材四类,对每一种人材的材性都有独到的论断。照作者看来,成材集众美之大成,无疑是精英人才、领袖人才、领军人才、天下第一等人才,其器识学术,博大而精微。这类人才是国之栋梁,当然要"付以大任而备责之"。从国家人才强国的战略高度来看,培养成材、简拔成材是最重要的,因为成材承担的是帝国中央或地方领导人的责任。但是成材毕竟"不世出",偏于理想化,往往可遇不可求。纵观历代人才,真正的成材只有少数人,天赋、历练与机遇缺一不可。有的人才四平八稳,看上去没有缺点,像是成材,其实经不起大风大浪。培养人才,倘一味地追求完美,只会磨去人才应有的锋芒和锐气,造成人才的乡愿化。

无论是古代官场还是当今官场,占据官位的皆不乏散材和不材,这些官员资质平庸,不思进取,"不足以任能事",还动辄败事。这样,奇材的选拔与任用便显示出特殊的重要性。奇材"卓然过人数等",如果能不拘一格,置于要津,"随所长而器使之",他们的强项就能发挥得淋漓尽致,建立不世功勋。但是奇材多自重,有个性,有锋芒,往往炀蹶子,"不能饰小行、矜小廉",容易被人抓小辫子、穿小鞋,甚至被妖魔化,人主如果轻信谗言,求全责备,奇材将遭到贬斥甚或灭顶之灾,对国家而言不啻是自毁长城。这样一来,朝廷散材庸碌,不材偾事,"一旦有事,而常若乏人"。其实,天下未必没有人才,就看人主怎么用。"今有梗楠豫章于此,七围八围,拱把而上,特以多节小桡之故,遂并弃之,岂不惜哉!"又云"小累不足以玷远猷","白玉微瑕,千丈松磔砢,不害他日为大器"。(《答丁彦良书》)秦少游深惜奇材,力谏君主发挥奇材的长处而忽略其瑕疵,不以寸朽弃连抱之材。

秦少游的人才分类学思想具有超越时空的认识价值,对当今如何培养人才、选拔人才、任用人才以及人才如何加强自我修养都有着宝贵的借鉴意义。他将天下之材分为四类,是合理而富有创造性的,其"深惜天下之奇材"之论产生于北宋新旧党争的特定政治生态下,有其当下的针对性,亦颇有独到之处。但他对人材品类的知性分析尚流于孤立的形而上,辩证思维不足。天下之材虽有成材、奇材、散材、不材之分野,但人才不是静止的、停滞的,而是处于动态的转化、转型、蜕变中。国家良好的政治环境和科学的人才管理体制机制,能"最大限度激发和释放人才创新创造创业活力,使人才各尽其能、各展其长、各得其所,让人才价值得到充分尊重和实现"(《关于深化人才发展体制机制改革的意见》)。从这个意义上说,奇材只要大节不亏,就有能力、有机会克服自身缺点,优入成材之林,即便是摄空承乏的散材和百无一用的不材,也能在人才体制机制改革的正确引导下,通过自身的努力获得进步和发展,激活潜力,释放能量,成长为有用之才。所以对散材和不材也要不轻视,不抛弃,不放弃。

此外,秦少游认为人才的铨选任用,既要重视资历,也要注意声望,对奇材宜打破常规,质言之,"以资待天下有常之士,以望待天下非常之材,使二者各有所得,足以相推而不足以相碍"(《官制上》)。选拔人才,还不能唯科举论。科举只是选拔了一部分人才,还有一部分另类的"椎鲁少文独可以任之大事"的豪杰之士非科举所能笼络,这类人被排斥在官僚体制之外,沦落在社会的底层,一旦在民间起事对抗朝廷,就会成为颠覆国家政权的危险力量。秦少游《盗贼下》写道:"销亡大盗之术,莫大乎笼取天下之豪俊。天下之豪俊为我笼取,则彼卒材鼠辈,虽有千百为群,不足以置齿牙之间矣。国家取人之制,其选高者,惟制策、进士。夫豪杰之士,固有文武纵横之间无不可者,亦有椎鲁少文独可以任之大事者。使天下豪杰皆文武纵横之才,二科足以取之。若有椎鲁少文之人,则不可得而取之矣。是制策、进士所得之外,不能无遗材也。"

奇材不是奴才,人主还要有优容之心,给奇材以空间和自由,决不能封杀,否则会窒息他们的创造力。《石庆论》指出:"夫豪杰之士,类多自重,莫肯少杀其锋。鄙人则唯恐失之,无所不至也。"人主一旦乾纲独断,皇权高压下,奇材也极有可能摧眉折腰,沦为"鄙人"——散材或不材。说到底,封建社会的专制独裁造成了庸臣扎堆现象,庸臣的奴才人格是独裁造成的。奇材虽是颖然独出的非常之才,但"轻用非锋"却是其短处,因此,奇材不遇的悲剧,自古以来从未断绝。那么奇材如何自处,如何珍惜自己的才华呢?一句话,奇材要效法"有道之士"。《崔浩论》指出:"有有道之士,有有才之士。至明而持之以晦,至智而守之以愚,与物并游而不离其域者,有道之士也。以明济明,以智资智,颖然独出,不肯与众为耦者,有才之士也。夫有道之与有才,相去远矣,不可不知也。"《李陵论》认为"豪杰之士,不患无才,患不能养其气而已。不能养其气,则虽有奇才,适足以杀其身也",质言之,奇材要注意持重养气,适当低调,能持之以晦,守之以愚。

秦少游的治安之策

秦少游论盗贼之文有三篇,皆作于元丰三年庚申(1080),治安之策为上篇。宋代开国以来,就处在农民起义的风暴中,从初年的王小波、李顺起义,到庆历年间京东王伦、京西张海、贝州王则起义,大大小小的农民起义始终未绝,摇撼着赵宋王朝的政权。面对暴民"小则蜂屯蚁聚,虏掠间里;大则擅名号,攻城邑,取库兵,释死罪,杀掠吏民"(《盗贼下》)的猖獗状况,少游从安定社稷的大局着眼,向朝廷提出了长治久安即平定盗贼的建议。录文如下:

> 臣闻治平之世,内无大臣擅权之患,外无诸侯不服之忧。其所事乎兵者,夷狄、盗贼而已。夷狄之害,士大夫讲之详,论之熟矣。至于盗贼之变,则未尝有言之者,夫岂智之不及哉?其意以为不足恤也。天下之祸尝生于不足恤。昔秦既称帝,以为六国已亡,海内无足复虑,为秦患者,独胡人耳。于是使蒙恬北筑长城,却匈奴七百余里。然而陈胜、吴广之乱乃起于行伍阡陌之间。由此言之,盗贼未尝

无也。夫平盗贼与攘夷狄之术异，何则？夷狄之兵，甲马如云，矢石如雨，牛羊橐驼转输不绝，其人便习而整，其器犀利而精。故方其犯边也，利速战以折其气。盗贼则不然，险阻是凭，抄夺是资，亡命是聚。胜则乌合，非有法制相縻；败则兽逃，非有恩信相结。然揭竿持梃，郡县之卒或不能制者，人人有必死之心而已。故方其群起也，速战以折其气，勿迫以携其心。盖非速战以折其气，则缓而势纵；非勿迫以携其心，则急而变生。今夫虎之为物，啸则风生，怒则百兽震恐，其气暴悍，可杀而不可辱。故捕虎之术，必先设机阱，旁置网罟，撞以利戟，射以强弓，鸣金鼓而乘之，不旋踵而无虎矣。至蛇与鼠则不然。虽其毒足以害人，而非有风生之勇；其贪足以蠹物，而非有震恐百兽之威。然不可以骤而取者，以其急则入于窟穴而已。故捕蛇鼠之术，必环其窟穴而伺之，薰以艾，注以水，彼将无所得食而出焉，则尺捶可以制其命。夷狄者，虎也。盗贼者，蛇鼠也。虎不可以艾薰而水注，蛇鼠不可以弓射而戟撞。故曰：平盗贼与攘夷狄之术异也。虽然，盗贼者平之非难，绝之为难。平而不绝，其弊有二，不可不知也，盖招降与穷治是已。夫患莫大于招降，祸莫深于穷治。何则？凡盗贼之起，必有枭桀而难制者。追讨之官，素无奇略，不知计之所出，则往往招其渠帅而降之，彼奸恶之民见其负罪者未必死也，则曰：与其俯首下气以甘饥寒之辱，孰若剽攘攻劫而不失爵禄之荣。由此言之，是乃诱民以为乱也。故曰患莫大于招降。凡盗贼之首，既已伏其辜矣，而刀笔之吏不能长虑却顾，简节而疏目，则往往穷支党而治之。迫胁之民见被污者必不免也，则将曰："与其婴锢金木束手而受毙，孰若遁逸山海，脱身而求生。"由此言之，是驱以为乱也。故曰：祸莫深于穷治。且王者所以感服天下者，惠与威也。仁及有罪则伤惠，戮及不辜则损威。威惠两失，而欲天下心畏而力服，尧舜所不能也。《夏书》曰："歼厥渠魁，胁从罔治。旧染污俗，咸与维新。"盖渠魁尽杀而不赦，则足以夺奸雄之气；胁从污染不治而许其自新，则足以安反侧之心。夫如是，天下之人，孰肯舍生之途而投必死之地哉？呜呼，先王已乱之道，可谓至矣！

文章首先点明盗贼对国家的治乱与夷狄有着同等威胁，士大夫必须对此隐患提高警惕。接着指出平盗贼与攘夷狄之术不同，攘夷应"速战以折其气"，平贼则"勿迫以携其心"，在作者眼里夷狄是老虎，盗贼乃蛇鼠，形象地阐述了消灭实力性质不同的敌人应该采用不同的策略。一直以来，朝廷对待盗贼的措施只有"招降"和"穷治"两种，这样只会造成"平而不绝"的窘况，由此得出"患莫大于招降，祸莫深于穷治"的结论。因为招降就等于暗示民众，走投无路时与其忍气吞声，倒不如扯旗造反。因为造反还能受招安，博个封妻荫子的前程。这无疑是"诱民以为乱"。而穷治倘过于严苛，往往殃及无辜，那些被构陷牵连的百姓有口莫辩，为了生存只好对抗到底，这又无异于"驱以为乱"，只有惠威并施，宽严相济，"渠魁尽杀而不赦"，"胁从污染不治而许其自新"，才能从根本上肃清盗贼。少游清醒地看到安内问题的严峻性，并提出合理有效的建议，极有实用价值，无怪乎他的朋友道潜赞其"胜理非空文，灼可资庙谋"（《哭少游学士》三首其二）。当然，少游称农民起义军为盗贼，暴露出地主阶级的局限性。但农民起义军中确有不少流氓无产者，斥之为盗贼，亦有其合理性。

从艺术上看，此文说理透彻，入木三分，又能设喻巧妙，形象与思理兼而得之，洵称佳构，可摩东坡之垒。

秦少游对"具臣"的否定

何为大臣？何为具臣？何为奸臣？我们一起听听秦少游的议论。《张安世论》这篇史论对西汉重臣张安世的评骘，不拘泥于正史成见，大胆质疑古人陈说，体现了少游善于作翻案文章的特点。据《汉书》本传：张安世，杜陵人，张汤子，字子孺，少以父任为郎。擢为尚书令，迁光禄大夫。昭帝时，大将军霍光重之，封富平侯，徙为车骑将军。昭帝崩，与霍光谋立宣帝，论功仅次大将军光。光卒，拜安世为大司马车骑将军，领尚书事。卒谥敬侯。录《张安世论》如次：

臣闻张安世匿名迹，远权势，自前史皆以为贤。以臣观之，安世亦具臣耳，贤则未也。何则？有大臣者，有具臣者，有奸臣者。天下之士，于道可进，则请于君而进；于道可退，则请于君而退。进退在道，而不在我。进之不从，退之不听，去而已。此之谓以道事君，不可则止，大臣者也。进贤而不能固，退不肖而不能必，取充位而已，具臣者也。同乎己，虽不肖必与；异乎己，虽贤必挤，专为利而已，此奸臣者也。安世身为汉之大臣，与闻政事，当天下进贤退不肖之责，而窃窃焉专为匿名迹、远权势之事。进之不从，退之不听也，能致为臣而去乎？臣知安世之不能也。盖安世与霍光同功一体之人，女孙敬，又霍氏之外属妇也。光得薨而子禹谋反，夷宗族，敬当相坐，宣帝虽赦之，而安世心不自安，顾上惩博陆之颠，方贪权势在己，是以深思熟计，欲以自媚于上。故每定大政，已决，辄移病出。闻有诏令，乃惊，使吏之丞相府问焉。谓其长史曰："明主在上，贤不肖较然。臣下自修而已，何知士而荐之。"呜呼，其视奸臣则有间矣！岂大臣之所以事君者乎？臣故曰：安世则具臣矣，贤则未也。昔伊尹之相汤曰阿衡，周公之相周曰太宰。衡者，所以权万物之轻重而归于平。宰者，所以制百味之多寡而适于和。唯其和平而已矣，故为重为多者，无所于德；为轻为寡者，无所于怨。衡、宰之工，实无心也。伊尹、周公所以事其君者如此，曾若安世远权势者乎？虽号不同，而其有心则同也。昔叔向被囚，祁奚免之，叔向不告，免焉而朝。范滂被系，霍谞理之，滂往候之而不谢。管仲夺伯氏骈邑三百，没齿无怨言。诸葛亮废廖立、李平，及亮卒，立泣涕，平致死。呜呼，国之大臣，其好贤也，如祁奚之于叔向、霍谞之于范滂；其疾恶也，如管仲之于伯氏，诸葛之于廖立、李平，则名迹之或匿或见，权势之或远或近，皆可以两忘矣。山涛为吏部，拔贤进善，时无知者。身殁之后，天子出其奏于朝，然后知群才皆涛所进；而王通以为密，不以仁予之也。呜呼，知通之不与涛，则知臣之不与安世矣。

文章一开头就针对张安世"匿名迹，远权势"的贤名，提出了反对意见："具臣耳，贤则未也。"所谓具臣，就是充位之臣，不做实事、摆摆样子的"稻草人"。张安世身为大臣，应有担当，遇事却不肯站出来排忧解难，只知远危机，保禄命，安身退避、独善其身，怎能算作贤臣呢？紧接着举出伊尹为阿衡、周公为太宰，致天下于和平的事例来正面批判张安世的尸位素餐，徒有虚名，并引史论今，用祁奚免叔向、霍谞理范滂、管仲夺骈邑、孔明废廖李四个事例，从好贤和疾恶两方面论证只要是忠心为社稷安泰，就无所谓炙手可热还是清虚自守，故作宽深不测之量只是矫情镇物之举。文章先破后立，有理有据，并不流于蹈空。

历代官场都有身居高位而不作为的"具臣"，他们只是政事堂的伴食相公而已。秦少游对张安世的否定，意在当下，具有批判精神。

秦少游对李陵的批判

汉将李陵兵败降敌,颓其家声。人们往往为李陵扼腕叹息,掬一把同情之泪。秦少游的《李陵论》却能撇开感性因素,冷静客观地反思李陵用兵的过失以及人格上的缺陷,层层深入,不蔓不枝,得出中肯的结论,令人折服。按《汉书·李广传》附有李陵传记:李陵,汉陇西成纪人,飞将军李广之孙。武帝时任骑都尉。天汉二年,率步卒五千击匈奴,孤军无援,战败投降。录《李陵论》如下:

> 臣闻"草食之兽,不疾易薮;水生之虫,不疾易水:行小变而不失其大常也"。知此者可以用兵矣。何则?夫用兵之法,有所谓常,有所谓变。什则围之,伍则攻之,不敌则逃之,兵之所谓常也。以寡覆众,兵之所谓变也。古之善用兵者,虽能以寡覆众,而什围伍攻之道未尝忽焉,所谓行小变而不失其大常也。呜呼,李陵之所以败者,其不达于此乎?《兵法》曰:"小敌之坚,大敌之擒也。"方汉武时,匈奴承冒顿之后,号为强盛,控弦百万,几与中国抗衡。卫

青、霍去病之徒，每出塞，至少不下三万骑，其多至十万骑，又有诸将相为应援，然后有功。陵乃以步卒五千出居延，行三十日，至浚稽山，与单于七八万骑接战，一日数十合，安得而不败哉？盖陵尝将八百骑，深入匈奴二千余里，过居延北，不见虏，还；又尝将轻骑五百，出敦煌，至盐水，迎贰师，未闻困绝。谓以少击众可以为常，不知幸之不可以数也。昔秦始皇问李信曰："吾欲取荆，将军度用几何人而足？"李信曰："不过二十万人。"又问王翦，曰："非六十万人不可。"始皇使信伐荆，既而军败，复欲使翦。翦曰："大王必不得已用臣，非六十万人不可。"始皇从之，遂平荆地。夫王翦岂不知以少击众为利哉？以为小变不可恃，大常不可失也。故田单疑赵奢之用众，而奢以为镆铘之剑，肉试则断牛马，金试则截盘匜，薄之柱上而击之，则折为三，质之石上而击之，则碎为百。呜呼，以王翦之事、赵奢之言观之，则陵之败也，其自取之哉？夫豪杰之士，不患无才，患不能养其气而已。不能养其气，则虽有奇才，适足以杀其身也。方陵之召见武台，天子欲使为贰师将辎重，陵心耻之，不敢言也，遂请当一队以分单于兵。夫以陵之奇才，向使少加持重，则卫、霍之功岂难继耶？而不胜一旦之愤，轻用其锋，至兵败降匈奴，颓其家声。是以不能养其气而已矣。或曰：李陵以孤军深入，其亡也宜矣。然则李靖以骑三千，蹀血虏庭，遂取定襄，何也？曰：唐之击突厥也，六总管，师十万，皆授靖节制，所向辄克。虏势窘甚矣，颉利诸酋，皆勒所部来奔。所谓伤弓之禽，可以虚弦下也，况于劲骑三千乎？与陵之事异矣！

文章一开头就开宗明义地提出论点，用兵须"行小变而不失其大常"，以此为立足点论说名将李陵败于匈奴的原因。少游从兵法的角度，提出"小敌之坚，大敌之擒"的道理，点出李陵是因为混淆了"小变"与"大常"的关系，以为"以少击众可以为常"，孤军深入、轻敌冒进，以致被匈奴大军围困，落到战败被俘、灭族亡家的惨境。进而引用历史上王翦平荆之役、赵奢用剑之喻来逐步深化"小变不可恃，大常不可失"的观点。李陵出身将门，熟读兵书，为何会犯下如此低级的错误呢？少游指出，这是因为李陵的胸襟狭隘、器识不广、轻用其锋的缘故。"夫豪杰之士，不患无才，患不能养其气而已。不能养其气，则虽有奇才，适足以杀其身也。""夫以陵之奇才，向使少加持重，则卫、霍之功岂难继耶？而不胜一旦之愤，轻用其锋，至兵败降匈奴，颓其家声。是以不能养其气而已矣。"秦少游将李陵之败放在历史的语境中加以反思，对他的批判，可以说打中了要害。秦少游告诉我们：奇才不善养气，不加持重，适足以杀其身。这说明他对奇才的得失是有反思的，并非一味推崇。李陵的败亡，这是历史的教训，至今仍有教育意义。

秦少游论"托身于疑似之间"

秦少游《王导论》探讨东晋开国元勋王导杀周颛之事,立论新颖。此文从"经诛其志,传述其事"的春秋笔法切入,将春秋时期晋国大夫赵盾虽无弑君之行而有弑君之实与周颛之死虽假手于王敦而实授意于王导两个事例相对举,相辅相成地论证了"经诛其志,传述其事"的合理性。并引用淮南厉王与李勣二事,进一步阐述此种眼光古今人情之所同然,非独史家有之。按《晋书》本传:王导,晋临沂人,字茂弘。元帝为琅玡王,居建康,导知天下已乱,劝帝招揽贤俊以结人心。于是,政务清静,户口殷实,朝野倾心,号为仲父。及帝即位,以导为丞相。历仕元帝、明帝、成帝三朝,出将入相,官至太傅。我们一起来读一读《王导论》。

> 臣闻《春秋》书赵盾之罪,而《三传》皆以为实其族穿,非盾也。盾为正卿,亡不越境,反不讨贼,故被大恶之名。臣始疑之,及读《晋史》,见王导、周颛之事,然后知《三传》之说为不诬矣。何则?经诛其志,传述其事也。王敦之举

兵也，刘隗劝帝尽诛王导之族，导尝求救于颛。颛申救甚切，而不与之言，导心衔之。及敦得志，问颛于导，不答，颛遂见诛。后见其表，始流涕曰："吾虽不杀伯仁，伯仁由我而死。"然则颛之死虽假手于敦，实导意也。若使后世良史书曰"王导杀周颛"，不亦宜乎？以此观之，则赵盾之事，从可知矣。夫盾以骤谏不入，灵公使钼麑贼之，麑不忍杀；又伏甲而攻之，仅以身免，故其族穿攻灵公于桃园。然则灵公之死虽假手于穿，实盾志也。不然，则其返也曷为其不讨穿乎？传以为志同则书重，信不诬矣。岂非经诛其志而传述其事耶？然则，穿，首恶也；盾，疑似者也。舍首恶而诛疑似者何也？盖名实俱善者，天下不疑为君子；心迹俱恶者，天下不疑为小人。有善之名，无善之实，有恶之心，无恶之迹，是为奸人。奸人者，尝托身于疑似之间，天下莫得而诛之。此《春秋》所以诛之也。太史公以《春秋》"别嫌疑，明是非，定犹豫"，盖以此矣。汉淮南厉王母坐赵氏死，厉王以为辟阳侯力能释之而不争，辄椎杀之。唐高宗欲立武后，畏大臣异议，李勣曰："此陛下家事，无须问外人。"帝意遂定。唐人以为立武后者，勣也。由此观之，诛志不诛事，非特《春秋》，古今人情之所同然也，《春秋》能发之耳。然则王导之罪与赵盾同乎？曰：非也。导实江左之名臣。东晋之兴，导力为多。特其杀周颛之事，有似于盾而已。

文中对君子、小人、奸人的辨析堪称伐隐攻微，燃犀下照。

"有善之名，无善之实，有恶之心，无恶之迹，是为奸人。奸人者，尝托身于疑似之间，天下莫得而诛之。"自古以来，奸人多托身于疑似之间而成漏网之鱼。《春秋》能"别嫌疑，明是非，定犹豫"，所以可贵。王导乃东晋名臣，史有定评。王导对周颛之死负有一定责任，事后也有痛悔自责，"吾虽不杀伯仁，伯仁由我而死"，确实发之肺腑。文章揭露王导之罪，就事论事，并没有全面否定王导之意，主要借此事申发《春秋》明察秋毫、"不虚美，不隐恶"的批判精神。本文表现出作者非凡的史识，敢于颠覆现成的结论。对托身疑似者的心理揣摩得深细无匹，真成铁案。文章叙论结合，叙事从容不迫，简而有致，颇具古风。

不过，诛心之论也存在着误区。对于秦少游"奸人托身于疑似之间"的说法，也要批判地接受。因为"托身疑似之间"带有不确定的猜测，如果没有抓住他人行恶之迹，而一味质疑诛心，也会罗织锻炼成冤案。此外，从周颛的角度来看，他的死也有自身的原因，既然上表申救王导，为什么不与王导沟通使之知晓呢？要知道刻意隐藏自己的善念善举，也是一种心理缺陷。

秦少游论"事势之流相激"

　　秦少游的《石庆论》乃史论之杰作。此文洞悉帝王心机，深谙君臣阴阳消长之道，堪称洞若观火。按《汉书·石奋传》附有石庆传：石庆，汉万石君石奋少子，历仕太子太傅、御史大夫，官至丞相。《汉书》对石庆的评价非常一般，说："庆为丞相，文深审谨，无他大略。"那么，石庆一介鄙夫，为何能在汉武大帝时代置身相位，又能全身而退呢？我们听听秦少游怎么说。录文如下：

　　　　臣闻汉武帝既招英俊，程其器能，用之如不及，内修法度，外攘胡粤，封泰山，塞决河。朝廷多事，丞相李蔡、严青翟、赵周、公孙贺、刘屈氂之属，皆以罪伏诛。其免者平津侯公孙弘、牧丘侯石庆而已。平津以贤良为举，首用经术取汉相，辩论有余，习文法吏事，其免固宜。牧丘，鄙人耳，为相已非其分，又以全终何也？盖庆之终于相位，非其才智之足以自免也，事势之流相激使然而已矣。何则？夫君之与臣，犹阴之与阳也。阴胜而僭阳，则发生之道缺；阳胜而逼阴，则刻制之功亏。僭实生逼，逼亦生僭。两者无有，是谓太和。万物以生，变化以成。方武帝即位之始，富于春秋，武安侯田蚡以肺腑为丞相，权移主上，上滋不平，特以太后之故，隐忍而不发。当此之时，臣强君弱，阴胜而僭阳。武安侯既死，上惩其事，尽收威柄于掌握之中。大臣取充位而已，稍不如意，则痛法以绳之。自丞相以下，皆皇恐救过而不暇。当此之时，君强臣弱，阳胜而逼阴。夫豪杰之士，类多自重，莫肯少杀其锋。鄙人则唯恐失之，无所不至也。当君强臣弱、阳胜逼阴之时，虽有豪杰，安得而用？虽用之安得而终？然则用之而终者，惟鄙人而后可也。庆为相时，九卿更进用事，不关决于庆。庆醇谨而已，在位九岁，无能有所正言。尝欲治上近臣，反受其过，上书乞骸骨，诏报反室，自以为得计。既而不知所为，复起视事。呜呼，此其所以见容于武帝者欤？夫庆终于相位，是田蚡之所致也。故曰事势之流相激使然而已矣。然则平津之免何也？弘之才术，虽不与庆同日而语，至于朝奏暮议，开其端使人主自择，不肯面折廷争。公卿约议，至上前，皆背其约以顺上旨。如此之类，则与庆相去为几何耶？弘与庆为人不同，其所以获免者一也。盖是时，非特丞相也，如东方朔、枚皋、司马相如、严助、吾丘寿王、朱买臣、主父偃之属，号为左右亲幸之臣，而亦多以罪诛。唯相如称疾避事，朔、皋不根持论，以此获免。由是观之，武帝之廷臣，鄙人者多矣，岂特庆也哉！故淮南王谋反，惟惮汲黯好直谏、守节死义。至说公孙弘等，如发蒙耳。呜呼，如黯者，可谓豪杰之士也！

汉武帝号称一代雄主，容不下英俊之才，而一介鄙夫——石庆却能终于相位，全身而退，这是为什么呢？少游给出的答案是："事势之流相激使然而已矣。"在少游看来，所谓"事势之流相激"不外乎阴阳消长之道。君为阳，臣为阴，"臣强君弱，阴胜而僭阳"，反之，"君强臣弱，阳胜而逼阴"。武帝之独裁是由田蚡专权所激。武帝即位之初，田蚡当国，托庇太后，权移主上，君弱臣强；田蚡既死，武帝痛惩跋扈之臣，太阿在握，乾纲独断，所以撄其锋者大抵不得善终。石庆充位醇谨，一味媚从上旨，此乃获免之道。

少游更进而指出汉武帝王朝，鄙人者非石庆一人，而是一种群体现象。说到底，专制独裁造成了庸臣扎堆现象。庸臣的奴才人格是独裁造成的。作者写石庆乃有激而谈。自宋太祖杯酒释兵权以来，有劲气、有胆量的豪杰之士少之又少。作者激赏汲黯那样的豪杰之士，何尝不是"事势之流相激使然"呢？

秦少游论鲁肃借荆州

秦少游讨论历史事件，往往具有地缘政治学的眼光。《鲁肃论》就是一个显例。他评骘三国时期东吴大将鲁肃的功绩，将其借荆州之地予刘备这一饱受争议之举视为保吴之策。按《三国志·吴书》本传：鲁肃，字子敬，三国吴临淮东城人。赤壁之战中，建议联蜀拒曹，获致大胜。瑜死，代领其兵，为奋武校尉。兹录《鲁肃论》：

> 鲁肃劝吴以荆州之地借先主，先主因以取蜀，吴王悔之，归咎于肃。夫以肃之筹略过人，而其昧有至于此乎？以臣观之，吴人虽欲不借荆州以资先主，不可得也。肃策之善矣。何则？是时曹氏已据中原，挟天子以令天下，毅然有并吞诸侯之心，袁绍、吕布皆为擒灭。其能合从并力以抗之者，独仲谋与玄德耳。此所谓胡、越之人未尝相识，一旦同舟而遇风波，则相应如左右手，势使然也。吴人虽欲不借荆州以资先主，其可得乎？且吴不借荆州，则先主必还公安，不然则当杀之。二者皆不可也。昔高祖入关，

与秦父老约法三章,秋毫无所犯,秦民大悦。项羽虽徙之于汉中,而高祖还定三秦,如探囊中物耳。何则?秦民之心已系于汉也。方先主东下,荆州之人归者十余万,或劝速行,以据江陵。先主曰:"夫举大事必以人为主,今人归吾,何弃去?"是时,先主若还公安,吴为仇也。夫以董卓之罪,上通于天,王允以顺诛之,而李傕、郭汜纠合党与,犹能为之报仇。何则?卓虽凶逆,亦一时之望也。先主以宗室之名盖当代,士之归者如水之赴海。乌林之役,曹公以百万之众溯江而下,非其雄略,则周瑜水军岂能独胜耶?吴若杀之,豪杰四面而至,必矣。孙氏之亡,可立待也。由是言之,先主借荆州之事,拒之则为仇,杀之则招祸,因而借之,则可以合从并力而抗曹公。肃之为吴策者,岂不善乎?然则,周瑜尝欲徙先主置吴,盛为筑宫室,多其美女玩好,其策何如?此又大不可也。先主尝见其髀里肉生,慨然流涕,叹功业之不建。其在许也,曹公与之出则同舆,坐则同席,竟亦不留。此其志岂以美女、玩好老于吴者耶?史称曹公闻孙权以土地借备,方作书,落笔于地。彼知先主得荆州,辅车之势成,天下未可以遽取也。由是言之,借荆州之事,岂惟刘氏所以取蜀,亦孙氏所以保吴者矣。

文章一开头就否定吴王孙权归咎鲁肃之举,从而引出"吴人虽欲不借荆州以资先主,不可得也"的论点。接着引用史实,以汉高祖入关约法三章和董卓党羽报仇一正一反两个事例,阐明了人心所向、名望所归的巨大力量,连贪残暴虐的窃国者死后尚有余威,何况刘备这样一个仁德宽厚的帝室贵胄呢?"拒之则为仇,杀之则招祸",欲以美女玩好羁縻之,又奈何其英雄意气,龙性难驯。因此只有借荆州,才是勠力抗曹、保全东吴的上上之策。鲁肃借荆州给刘备,或许只因其敦厚重义,未必有此谋算,但少游能用全局的、地缘政治学的观点看待历史,从保吴的角度分析此举,令人耳目一新。

秦少游论君子的妥协

　　历朝历代都不可避免朋党之争,君子与小人互相排斥,但小人与君子间的矛盾一旦激化,就往往造成党同伐异、意气相争的混乱局面,从而给国家机器的运转带来毁灭性的打击,君子一方更会损失惨重。东汉、晚唐的政局都深刻地体现了这一点。《陈寔论》就是一篇见解卓特、逻辑严密的史论文章。据《后汉书》本传:陈寔,字仲弓,东汉颍川许人。幼好学,县令邓邵奇之,听受业太学。补闻喜长,迁太丘长。因事牵连入党狱。灵帝初,大将军窦武辟为掾属。后诛党人,张让宥之。卒,谥为文范先生,录《陈寔论》如下:

　　　　孟子曰:"伯夷,圣之清者也;柳下惠,圣之和者也。"又曰:"伯夷隘,柳下惠不恭。"何也? 盖古之君子,初无意于制行。其制行也,因时而已。伯夷之时,天下失于太浊,于是制其行以清。柳下惠之时,天下失于太洁,故制其行以和。虽然,清者所以激浊也,非激浊而为清,是隘而已。和者所以救洁也,非救洁而为和,是不恭而已。故由其本而言之，则为清为和；由其弊而言之，则为隘为不恭。故伯夷、柳下惠者，实未尝清、未尝和也，安有隘、不恭之弊哉？前史称中常侍侯览托太守高伦用吏，陈寔曰："此人不宜用，而侯常侍不可违，寔乞从外署。"又中常侍张让归葬颍川，虽一郡毕至，而名士无往者，张甚耻之，寔乃独吊焉。呜呼，若寔者，可谓殆庶几于夷、惠矣！何则？桓灵之时，政在宦人，而天下之士方以名节相高，疾之已甚，至使其属无所发愤，常欲以身死。党锢之祸，海内涂炭者二十余年，岂特小人之罪哉？君子亦有以取之也。寔知其然，故于用吏、送葬之事，稍诎其身应之，所以因时救弊而已。其后复诛党人，张德寔，以此多所全宥，则其效盖可见也。呜呼，使东汉之士大夫制行皆如寔也，党锢之祸何从而兴乎？以此言之，寔殆庶几于夷、惠，信不诬矣。然则寔为侯、张而身诎也不为过，则元稹之徒因宦官以得宰相，亦不为过欤？斯不然也。昔孔子于卫见南子矣，于鲁敬阳虎矣，至弥子以为"主我，卫卿可得也"，则曰"有命"。盖见南子、敬阳虎者，身可诎也；不主弥子者，道不可诎也。寔与侯、张，亦诎身以伸道耳，岂若元稹之徒诎道而伸身者哉？然则士大夫为道而或诎身于宦人者，亦可乎？斯又不然也。昔齐人获臧坚，齐侯使人唁之，且曰："无死。"坚稽首曰："拜命之辱，抑君赐不终，姑又使其刑臣礼于士。"以杙抉其伤而死。古之人耻其身之辱于刑也。是故为伯夷之清而非其时者，是隘而已；为柳下惠之和而非其时者,是不恭而已。若陈寔之诎身于宦人而非其时者,是为奸而已。

秦少游从对孟子关于伯夷、柳下惠评说的驳斥推衍开来,认为古之君子本无意制行,其制行乃因时而为。故伯夷曲己以激浊,而人目以为隘;柳下惠委身以救洁,而人目以为不恭。接着引入东汉陈寔史例,叙述其用吏、送葬之事,指出此等辱身以顺应时势之举亦是顾全大局的题中应有之义。然而陈寔这种温厚圆融、趋利避害的政治哲学难道放在何人何时都是可取的吗?少游又以接连两个"然则",否定了这种处世之法的兼容性。以元稹攀附宦官求得宰相之例驳斥屈道而伸身的丑行,以臧坚被俘自戕守节之例说明屈身亦要选对时机。

少游的思想有一种理性的大局观,他反思党锢之祸"岂特小人之罪哉?君子亦有以取之也"。君子一味以名节相高,低视小人,疾恶过甚,必欲去之而后快,断其自新之路,必然激化矛盾,毒化政治。君子也需要放低姿态,适当做出妥协,这就需要陈寔这类清流出面来沟通情感、缓和矛盾,这样才能保证国家政局的稳定。不过,文中认为士大夫制行皆如陈寔即可避免党争,乃是不谙政治生态、不切实际的书生之见。

秦少游论朋党政治

秦少游《朋党》上下两篇,当作于元祐二年以后,系针对当时士大夫朋党之争而发。熙宁新党被放废弃置,怨谤横生,旧党当国,亦各为朋比,以相訾议。朝廷派系林立,有洛党、蜀党、朔党等。少游的老师苏轼被目为蜀党党魁。北宋庆历党争,欧阳修著《朋党论》,旗帜鲜明地提出"君子有党论",与"小人党"对垒,为党争的排他性奠定了理论基石。少游的《朋党论》论熙宁、元丰期间的新旧党争,乃仰承欧阳修的《朋党论》而来,其党派意识中有明晰的君子小人之辨,党同伐异的门户之见很明显。其上篇云:

> 臣闻朋党者,君子小人所不免也。人主御群臣之术,不务嫉朋党,务辨邪正而已。邪正不辨而朋党是嫉,则君子小人必至于两废,或至于两存。君子小人两废两存,则小人卒得志,而君子终受祸矣。何则?君子信道笃,自知明,不肯偷为一切之计;小人投隙抵巇,无所不至也。臣请以《易》道与夫尧舜汉唐之事明之。《易》以阳为君子,阴

为小人。一阳之生则为复，复者，反本也。三阳用事则为泰，泰者，亨通之时也。而五阳之极则为夬，夬者，刚决柔也。以此见君子之道，必得其类，然后能胜小人也。一阴之生则为姤，姤者，柔遇刚也。三阴用事则为否，否者，闭塞之时也。而五阴之极则为剥，剥者，穷上反下也。以此见小人之道，亦必得其类，然后能胜君子也。阴阳相与消长，而为惨舒，为生杀。君子小人相与胜负，而为盛衰，为治乱。然皆以其类也。臣故曰：朋党者，君子小人所不免也。尧之时有八元、八凯十六族者，君子之党也。又有浑沌、穷奇、梼杌、饕餮四凶族者，小人之党也。舜之佐尧有大功二十者，举十六相、去四凶而已。不闻以其朋党而两废之，亦不闻以其朋党而两存之也。臣故曰：人主御群臣之术，不务嫉朋党，务辨邪正而已。东汉钩党之狱，海内涂炭二十余年。盖始于周福、房植，谓之甘陵南北部。至于李膺、陈蕃、王畅、张俭之徒，遂有三君、八顾、八俊、八及、八厨之号。人主不复察其邪正，惟知震怒而已。故曹节、侯览、牢修、朱并得以始终表里，成其奸谋。至于刑章讨捕，锢及五族，死、徙、废、禁者六七百人，卒不知修、并者乃节、览之党也。唐室之季，朋党相轧四十余年，搢绅之祸不解，盖始于李宗闵、李德裕二人而已。嫌怨既结，各有植立，根本牢甚，互相倾挤。牛僧孺、李逢吉之属，则宗闵之党也。李绅、韦处厚之属，则德裕之党也。而逢吉之党，又有八关十六子之名，人主不复察其邪正，惟曰："去河北贼易，去此朋党难。"而其徒亦曰:"左右佩剑,彼此相笑。"盖言未知孰是也。其后李训、郑注用事,欲以权市天下,凡不附己者皆指以为二人之党而逐去之,至于人人骇栗,连月雾晦,卒不知训、注者,实逢吉之党也。臣故曰:邪正不辨而朋党是嫉,则君子小人必至于两废,或至于两存。君子与小人两废两存,则小人卒得志,君子终受祸矣。

少游的观点旗帜鲜明:"人主御群臣之术,不务嫉朋党,务辨邪正而已。邪正不辨而朋党是嫉,则君子小人必至于两废,或至于两存。君子小人两废两存,则小人卒得志,而君子终受祸矣。"少游对党争中君子党的命运洞若观火,照他看来,君子党的受祸是必然的。为什么呢?"君子信道笃,自知明,不肯偷为一切之计;小人投隙抵巇,无所不至也。"一下子抓住了小人的病态人格,洞彻小人肺腑,小人的可怕恰恰是没有道德负担,没有底线思维,为了个人私利,无所不为。近人林纾说的好:"小人得罪君子,君子虽有权,不之较也。君子取怨小人,小人即无权,亦必报复。犹之胡人以残杀为生业,举族皆能战;中华文胜,言战,非其匹也。文决小人卒得志,千古不刊之论。行文尤警醒动人。"(《林氏选评名家文集·淮海集选》)少游对小人的论断,当得起"千古不刊之论"。此文对欧阳修《朋党论》有所突破,就是对小人的洞察堪称燃犀下照。小人本身并不可怕,然而一旦拥有权力,或有所附丽,会把自身能量发挥得淋漓尽致,迫害善类无所不用其极,为了私利的最大化,他们甚至可以推倒万里长城。从论证过程来看，此文以《易》道阴阳消长论证"朋党者，君子小人所不免"的观点，确有义理。接着以尧舜汉唐时期的朋党政治来阐明之，颇有说服力。但少游的朋党意识陷溺于君子小人之辨，是一种排他性的线性思维，失之简单化。

《朋党论》下篇与《朋党论》上篇体用合一，同气连枝，上文重在立论，此文则归于实践，即立足于当下元祐"朋党之议"，强调君主不能"但恶朋党之名，不求邪正之实"。

臣闻陛下即位以来，虚怀仄席，博采公论，悉引天下名士与之经纶，至有去散地而执钧衡，起谪籍而参侍从者，虽古版筑、饭牛之遇，不过如此而已。君子得时，则其类自至，数年之间，众贤弹冠相继而起，聚于本朝。夫众贤聚于本朝，小人之所深不利也。是以日夜悄悄，作为无当不根、眩惑诬罔之计，而朋党之议起焉。臣闻比日以来，此风尤甚，渐不可长。自执政从官台阁省寺之臣，凡被进用者，辄为小人一切指以为党，又至于三君、八顾、八俊、八及、八厨之名，八关、十六子之号，巧为标榜，公肆诋欺。一人名之于前，万人实之于后。传曰："下轻其上爵，贱人图柄臣，则国家摇动而人不静也。"然则其可以不察欤？臣闻庆历中仁祖锐于求治，始用韩琦、富弼、范仲淹以为执政从官，又擢尹洙、欧阳修、余靖、蔡襄之徒列于台阁，小人不胜其愤，遂以朋党之议陷之。琦、弼、仲淹等果皆罢去。是时天下义士，扼腕切齿，发上冲冠，而小人至于举酒相属，以为一网尽矣。赖天子明圣,察见其事,琦、弼、仲淹等旋被召擢,复蒙器使,遂得成其功名。今所谓元老大儒,社稷之臣,想望风采而不可见者,皆当时所谓党人者也。向使仁祖但恶朋党之名,不求邪正之实,赫然震怒,斥而不反,则彼数人者,皆为党人而死耳,尚使后世想望风采而不可见耶?今日之势,盖亦无异于此。臣愿陛下观《易》道消长之理,稽帝虞废举之事,鉴汉唐审听之失,法仁祖察见之明,杜媒蘖之端,窒中伤之隙,求贤益急,用贤益坚,而信贤益笃,使奸邪情沮而无所售其谋,谗佞气索而无所启其口。则今之所谓党人者,后世必为元老大儒社稷之臣矣。

平心而论,少游站在旧党的立场上指斥新党为小人,这是朋党派性意识的体现,其是非标准是模糊的,忽略了士大夫政治文化和道德人格的复杂性。何为正?何为邪?在元祐旧党的眼里,新党就是邪恶的小人,反之,在新党的眼里,旧党亦是小人,互相敌视,无有了日。新党有君子,也有小人,旧党也并非都是"元老大儒,社稷之臣"。彼此如果能够"杜媒蘖之端,窒中伤之隙",博采公论,求同存异,亦未必不能破除门户之见,开创和而不同的和谐政局。就文章而论,《朋党论》上篇为体,下篇为用,体用合一。林纾评云:"此非论体,直是一篇辩证之书,明白晓畅极矣!"(《林氏选评名家文集·淮海集选》)"辩证之书"四字确能道出此文的特点。此文有三句话振聋发聩,堪称施政名言:"求贤益急,用贤益坚,而信贤益笃。"

秦少游论私恩与公义

此文虽为史论，实有讽今之意。令人想到新党党魁王安石与吕惠卿之事，王安石力荐吕惠卿，后来反遭其挤兑。说到底，人世间像白敏中、吕惠卿这样的中山狼太多了，少游才有《白敏中论》。

臣闻白敏中用李德裕荐入翰林为学士，及德裕贬，敏中为相，诋之甚力。或曰：人臣事君，公义而已，何以私恩为乎？敏中之事，未足深咎也。臣窃以为不然。人臣能尽私恩，然后能尽公义，敏中之罪不容诛矣！孔子曰："事亲孝，故忠可移于君。事兄悌，故顺可移于长。"推此言之，则背师卖友之人，必不能以身许国。何则？于所厚者薄，则所施无不薄也。昔吕布为丁原主簿，为董卓而杀原；为卓之子，又为王允而杀卓。及兵败被执，魏祖欲生之，刘先主曰："明公不见布之事丁建阳、董太师乎？"于是杀布。汉封陈平，辞曰："非魏无知，臣安得进。"上曰："若子可谓不背本矣。"乃复赏魏无知。其后诛吕氏而安刘氏者，平与周勃也。夫以布之不忠于丁、董也，其肯忠于曹氏乎？以陈平之不负魏无知也，岂肯负于刘氏乎？此魏所以诛布、汉所以属平者也。然则敏中之事盖可见矣。虽然，敏中所以负德裕也，亦有縣焉。传曰："盗憎主人。"主人何负于盗而盗憎之乎？盖自度其事必为主人所恶故也。白氏素与杨虞卿姻家，居易又与李宗闵、牛僧孺厚。若敏中，本无英气，虽缘德裕以进，而不能无意于僧孺、宗闵、虞卿之徒。自度其事，必为德裕恶也，故因其势，尽力以挤之耳。夫德裕，忠臣也，以非罪被斥，天下皆知其冤。使敏中素与仇，犹当为社稷而救之，况因之以进也！然则敏中岂惟不忠于德裕，亦不忠于唐也！臣故曰：人臣能尽私恩，然后能尽公义，敏中之罪不容诛矣。然则公义私恩适不两全，则如之何？以道权之而已。义重而恩轻，则不以私害公，若河曲之役，赵宣子使人以其乘车干行，韩厥执而戮之是也。恩重而义轻，则不以公废私，若庾公之斯追子濯孺子，抽矢叩轮，去其镞，发乘矢而后反是也。夫公义私恩适不两全，犹当以道权其轻重，奈何无故而废之哉？虽然，逢蒙杀羿，孟子以为是亦羿有罪焉。以此言之，德裕之荐敏中，亦不得为无罪也。

本篇以晚唐时期白敏中以怨报德，诋毁曾经举荐过他的李德裕一事立论，明确提出"人臣能尽私恩，然后能尽公义"这一论断。思路清晰，观点犀利。《论语》云："君子务本，本立而道生。""本"是什么？孝悌。孝悌乃是为人的根本，也是私恩的基石和发端，"入以事其父兄，出以事其长上"（《孟子》），无此则君臣大义无从提起。文中引用三国时期吕布负义、两弑旧主及陈平封侯、不忘荐恩这一反一正两个例子，引古证今，来说明"尽私恩"的重要性，说到底也就是人臣的道德良知的重要意义。在此立论的基础上，作者又从"盗憎主人"的心理出发，对白敏中之所以背叛李德裕做出解释，批判了白敏中不但对李德裕蒙冤不假之以手，而且落井下石的丑行，将负私恩上升到了背社稷的高度。私恩与公义如何权衡？少游认为恩义不能两全时，当"以道权之"，即根据实际情况权衡利弊，而不应无故废恩。最后对李德裕荐人失察，也略有微词。行文笔法回环曲折，正反错综间观点不断圆融深化，富有说服力。

秦少游论天下之祸

元祐初年，新旧党争愈演愈烈，当权者用人主要看党派，全凭意气用事，鲜有容人之量。此种情况下，秦少游以史论形式探讨袁绍败亡之原因有着特定的政治意义，实质上是向统治者进谏对待人才，尤其是奇才，要虚怀若谷。按《三国志·魏书·袁绍传》：袁绍，字本初，汉汝南汝阳人，袁安裔孙。灵帝时为中军校尉，献帝初起兵讨董卓，被推为盟主，官渡之战中，兵败，病死。录《袁绍论》：

天下之祸，莫大于杀士。古之人欲有为于世者，虽负其豪俊杰特之才，据强大不可拔之势，疑若杀一士不足以为损益然，而未始不亡者何耶？士，国之重器，社稷安危之所系，四海治乱之所属也。是故师士者王，友士者霸，臣士者强，失士者辱，慢士者危，杀士者亡。世之论者，皆以袁绍之亡系于官渡，臣窃以谓不然。绍之所以亡者，杀田丰耳。使绍不杀田丰，虽有官渡之败，未至亡也。何则？昔楚汉相距于京索之间，高祖奔北，狼狈甚于袁绍者数矣，而卒有天下。项籍以百战百胜之威,非特曹公比也,而竟死东城。其所以然者无他,士之得失而已。故高祖以为张子房、韩信、萧何者皆人杰,吾能用之,所以取天下;项羽有一范增而不能用,所以为我擒。以楚汉之事言之,则知绍之亡果在于田丰,不在于官渡也。且绍之械系田丰也,何异高祖械系娄敬于广武乎?高祖围于平城而还,以二千户封敬,号建信侯。绍败而还,惭丰而杀之。呜呼,人之度量相远,一至于此哉!传曰:善败者不亡。故楚昭王轸、越王勾践,皆滨于绝灭而复续。绍虽败于官渡,而冀州之地,南据大河,北阻燕代,形势之胜尚可用也。向使出丰于狱,东向而事之,问以计策,卑身折节以抚伤残之余,亲执金鼓以厉奔走之气,内修农战,外结英雄,纵不能并吞天下,岂遽至于亡哉?方绍与董卓异议,横刀不应,长揖而出。及起兵渤海,遂有四州之地,连百万之众,威震河朔,名重天下,不可谓非一时之杰也。然杀一田丰遂至于此,则天下之祸,其有大于杀士者乎?文若曰:"袁绍,布衣之雄耳,能聚人而不能用。"臣窃以为知言也。

此文开门见山地提出论点:"天下之祸,莫大于杀士。"一个欲建功立业、大有为于世之人,不论其自身何等文韬武略、豪俊雄杰,绝对不能轻慢人才,戕害人才。少游指出袁绍并非败于官渡,乃是败于杀谋士田丰。并引入高祖善待人才,重用张良、韩信、萧何等谋士,终于反弱为强,夺取天下以及白登之围后封侯娄敬的史例,来论证人主不仅要有识人之明,更要有容人之胸襟气度。袁绍之所以惨败,乃是他气量狭窄、嫉贤害能、刚愎自用的必然下场。结尾异峰突起,为袁绍筹谋官渡之败后的东山再起之法,点明覆亡非战之罪的论点,更凸显了人才的价值。全文笔法峭健而豪迈,结末尤为气势沛然,纵横挥洒,斐然文采中尽显思致锋芒,深得西汉政论之精华。

秦少游论有道之士与有才之士

秦少游为人豪隽慷慨、不畏流俗，看问题从不随波逐流。本篇对北魏重臣崔浩是非功过的评说，亦是一篇翻案文字，且能自圆其说，颇具说服力。据《魏书》《北史》本传：崔浩，字伯渊，北魏清河人，博览经史、百家之言。太宗明元初，拜博士祭酒，累官至司徒，仕魏三世，军国大计，多所参赞。工书，长天文历学，作《国书》三十卷，又著《晋后书》，上《五寅元历》。终为鲜卑诸大臣所忌，矫诬罪灭族。录《崔浩论》：

臣闻有有道之士，有有才之士。至明而持之以晦，至智而守之以愚，与物并游而不离其域者，有道之士也。以明济明，以智资智，颖然独出，不肯与众为耦者，有才之士也。夫有道之与有才，相去远矣，不可不知也。史称崔浩自比张良，谓稽古过之。以臣观之，浩曾不及荀、贾，何敢望子房乎？夫子房之于汉，荀攸、贾诩之于魏，浩之于元魏，运筹制胜，算无遗策，实各一时之谋臣也。高祖以子房与韩信、萧何为三人杰，用之以取天下。韩信王楚数十城，萧何封侯第一，而子房独愿封留而已。及太子监关中兵，乃行少傅事，晏然处于叔孙通之下，了无矜伐不平之意。故司马迁以为无智名，无勇功，可谓有道之士也。荀、贾虽不足以与于此，然攸谋谟帷幄，时人子弟莫知其言；诩亦阖门自守，退无交私，皆以令终，故陈寿以为良、平之亚。虽有才之士，亦颇闻君子之道者也。浩则不然。其设心措意，惟恐功之不著，名之不显而已。李顺之死，浩既有力，而奏《五寅元历》，章尤夸诞，妄诋古人，所撰《国记》，至镌石道傍，以彰直笔。明哲之所为固如此乎？正孟子所谓小有才，未闻君子之大道，适足以杀其身而已，盆成括之流也。以此论之，浩曾不及荀、贾明矣，何敢望子房乎？夫以其精治身，以绪余治天下，功成事遂，奉身而退者，道家之流也。观天文，察时变，以辅人事，明于末而不知本，阴阳家之流也。子房始游下邳，受书圯上老人，终日愿弃人间从赤松子游耳。则其术盖出于道家也。浩精于术数之学，其言荧惑之入秦，彗星之灭晋，与夫兔出后宫、姚兴献女之事尤异。及黜《庄》《老》，乃以为矫诬之言。则其术盖出于阴阳而已。此其所以不同也。然高帝用子房之谋，弃咸阳，还定三秦，灭项羽于垓下。太武用浩，亦取赫连昌，破蠕蠕，平沮渠牧犍于凉州。惠帝得不废者，子房之本谋。而太武为国副主，亦自浩发之。其迹盖相似也。呜呼，岂欲为子房而不知所以为子房者欤？

文章开头即点出"有道之士"与"有才之士"的巨大差异。接着引入主题,对于"史称崔浩自比张良,谓稽古过之"的说法表示异议,认为崔浩充其量也就是个"小有才,未闻君子之大道"之人,比之虽有才"亦颇闻君子之道"的荀攸、贾诩尚且不如,怎可跟"有道之士"张良相媲美?少游虽然肯定崔浩"运筹制胜,算无遗策",亦堪称"一时之谋臣",却批评他"惟恐功之不著,名之不显",不懂得虚怀若谷、守拙藏锋,最终招来祸端,落得身死族灭的结局。本文以道家思想为核心,激赏"有道之士",主张"颖然独出"的"有才之士"多闻君子之大道。就思想而论,并未突破老子标榜的以退为攻、柔弱胜刚强那一套,但以史为据,论述透辟,给人以深刻的启迪。不过,少游在此文中将张良和崔浩分别归于道家和阴阳家,未免过于拘囿,他二人身上虽有道家和阴阳家的特质,但归根结底还是因为性格禀赋不同。

秦少游论韩愈"集大成"

宋人论韩愈的文章多从"道统"角度着眼,或"尊韩"或"非韩",纠缠不休,苏轼与张耒的同题之作,也摆脱不了道学气。秦少游的《韩愈论》却脱略蹊径,以"文士"来论韩,提出了韩愈文章"集大成"之说。这可能与老师的启发(苏轼《书吴道子画后》语含"集大成"之意)有关,但无疑少游的观点更明确,论述也更有体系。按:韩愈,字退之,唐代邓州南阳人。自谓郡望昌黎,世称韩昌黎。晚年任吏部侍郎,又称韩吏部。卒谥文,世称韩文公。与柳宗元共同倡导古文运动,并称"韩柳"。苏轼《潮州韩文公庙碑》赞其"文起八代之衰,道济天下之溺"。录《韩愈论》如下:

臣闻先王之时,一道德,同风俗,士大夫无意于为文。故六艺之文,事词相称,始终本末,如出一人之手。后世道术为天下裂,士大夫始有意于为文。故自周衰以来,作者班班相望而起,奋其私知,各自名家;然总而论之,未有如韩愈者也。何则?夫所谓文者,有论理之文,有论事之文,有叙事之文,有托词之文,有成体之文。探道德之理,述性命之情,发天人之奥,明死生之变,此论理之文,如列御寇、庄周之所作是也。别白黑阴阳、要其归宿,决其嫌疑,此论事之文,如苏秦、张仪之所作是也。考同异,次旧闻,不虚美,不隐恶,人以为实录,此叙事之文,如司马迁、班固之作是也。原本山川,极命草木,比物属事,骇耳目,变心意,此托词之文,如屈原、宋玉之作是也。钩列、庄之微,挟苏、张之辩,撼班、马之实,猎屈、宋之英,本之以《诗》《书》,折之以孔氏,此成体之文,韩愈之所作是也。盖前之作者多矣,而莫有备于愈;后之作者亦多矣,而无以加于愈。故曰:总而论之,未有如韩愈者也。然则列、庄、苏、张、班、马、屈、宋之流,其学术才气,皆出于愈之文,犹杜子美之于诗,实积众家之长,适当其时而已。昔苏武、李陵之诗长于高妙,曹植、刘公幹之诗长于豪逸,陶潜、阮籍之诗长于冲澹,谢灵运、鲍照之诗长于峻洁,徐陵、庾信之诗长于藻丽。于是杜子美者,穷高妙之格,极豪逸之气,包冲澹之趣,兼峻洁之姿,备藻丽之态,而诸家之作所不及焉。然不集诸家之长,杜氏亦不能独至于斯也。岂非适当其时故耶?孟子曰:"伯夷圣之清者也,伊尹圣之任者也,柳下惠圣之和者也,孔子圣之时者也。孔子之谓集大成。"呜呼,杜氏、韩氏,亦集诗文之大成者欤!

少游归纳出文学史上的各种文体,指出韩愈之文乃成体之文,他博采前代众家之长,融会贯通,成为后人难以企及的一代文宗。韩愈"积众家之长"而有成体之文,此"成"即集大成之"成"。这一特点在杜甫身上亦有相当集中的体现,适可与韩文匹敌,质言之,杜诗、韩文乃大唐气象。这样笔锋自然由韩之文转到杜之诗,先是历评汉魏六朝诸家风格,以简练的词藻概括了各家的艺术特色。以为到了杜甫,恰如百川归海,集诸家之长,"穷高妙之格,极豪逸之气,包冲澹之趣,兼峻洁之姿,备藻丽之态",陶冶熔铸,成为开后代无数法门的一代诗圣。文章博辩俊伟,词采飞扬,先用一系列的排比分述各体各家之长,铺张扬厉,接着归结于韩、杜,一气呵成又戛然而止,大开大阖间尽显沛然气韵。

少游认为韩、杜二人之所以取得如此之高的成就,与他们"适当其时"有关,拈出一个"时"字,也是极有眼光的,如果不是时事社会赋予他们契机,激发他们的忧患意识和创作灵感,单凭对前人艺术经验的承袭与博采,无论如何也是做不到"集大成"的。

自欧阳修始创诗话这种文艺批评形式以来,大多诗评都只是印象性、片段性的琐碎文字,像秦少游这样有系统的作家论在当时是极为难得的,放在中国文学批评史上,也值得记录一笔。

谁知少游精蚕事

秦少游注重实学,"博综史传,通晓佛书,讲习医药,明练法律"(苏东坡《与王荆公二首》其二),既能务虚,亦讲究实学。少游的实学精神还体现在农学上,他精研农桑,著有《蚕书》。此文与他的那些文学之文迥然不同,没有声情辞藻之美,纯粹实录,目的在于科学和实用,如此说来,少游亦有理工男的思维呢。《蚕书》是中国现存较早的蚕桑学专著,在农桑史、科技史、实学史上有一定的地位。录《蚕书》如下:

予闲居,妇善蚕,从妇论蚕,作《蚕书》。考之《禹贡》,扬、梁、幽、雍,不贡茧物;兖筐织文,徐筐玄纤缟,荆筐玄纁玑组,豫筐纤纩,青筐厜丝,皆茧物也。而桑土既蚕,独言于兖。然则九州蚕事,兖为最乎?予游济、河之间,见蚕者豫事时作,一妇不蚕,比屋詈之,故知兖人可为蚕师。今予所书,有与吴中蚕家不同者,皆得之兖人也。

种 变

腊之日聚蚕种,沃以牛溲,浴于川,毋伤其藉,乃县之。

始雷,卧之五日,色青;六日,白;七日,蚕已蚕,尚卧而不伤。

时　食

蚕生明日,桑或柘叶,风戾以食之。寸二十分,昼夜五食。九日,不食一日一夜,谓之初眠。又七日,再眠,如初。既食叶,寸十分,昼夜六食。又七日,三眠,如再。又七日,若五日,不食二日,谓之大眠,食半叶,昼夜八食。又三日,健食,乃食全叶,昼夜十食。不三日,遂茧,凡眠已。初食,布叶勿掷,掷则蚕惊。毋食二叶。

制　居

种变方尺,及乎将茧,乃方四丈。织萑苇,范以苍莨竹,长七尺,广五尺,以为筐。建四木宫,梁之以为槌,县筐中间九寸,凡槌十县,以居食蚕。时分其居,粪其叶馀,必时去之。萑叶为篱勿密,屈稿之长二尺者,自后茨之为簇,以居茧蚕。凡茧七日而采之。居蚕欲温,居茧欲凉,故以萑铺茧,寒之以风,以缓蛾变。

化　治

常令煮茧之鼎,汤如蟹眼,必以箸引其绪,附于先;引,谓之喂头。毋过三系,过则系粗,不及则脆,其审举之。凡系,自鼎,道"钱眼",升于"锁星";星应车动,以过"添梯",乃至于"车"。

钱　眼

为版,长过鼎面,广三寸,厚九黍,中其厚插大钱一,出其端,横之鼎耳,后镇以石。绪总钱眼而上之,谓之钱眼。

锁 星

为三芦管,管长四寸,枢以圆木。建两竹夹鼎耳,缚枢于竹中,管之。转以车,下直钱眼,谓之锁星。

添 梯

车之左端置环绳,其前尺有五寸,当车床左足之上,建柄,长寸有半。匜柄为鼓,鼓生其寅,以受环绳。绳应车运,如环无端,鼓因以旋。鼓上为鱼,鱼半出鼓。其出之中,建柄半寸,上承添梯。添梯者,二尺五寸片竹也。其上揉竹为钩,以防系。窍左端以应柄,对鼓为耳,方其穿,以闲添梯。故车运以牵环绳,绳簇鼓,鼓以舞鱼,鱼振添梯,故系不过偏。

车

制车如辘轳,必活其两辐,以利脱系。

祷 神

卧种之日,升香以祷天驷,先蚕也。割鸡设醴,以祷苑窳妇人、寓氏公主,盖蚕神也。毋治堰,毋诛草,毋沃灰,毋室入外人,四者,神实恶之。

戒 治

唐史载于阗初无桑,丐邻国,不肯出。其王即求置婚,许之。将迎,乃告曰:"国无帛,可持蚕自为衣。"女闻,置蚕帽絮中,关守不敢验,自是始有蚕。女刻石,约无杀蚕,蛾飞尽,乃得治茧。言蚕为衣,则治茧可为丝矣。世传茧之未蛾而窍者不可为丝。顷见邻家误以窍茧杂全茧治之,皆成系焉，疑蛾蜕之茧也。欲以为丝，而其中空，不复可治。呜呼！世有知于阗治丝法者，肯以教人，则贷蚕之死可胜计哉！予作《蚕书》，哀蚕有功而不免，故录唐史所载，以俟博物者。

此文写于元丰六年（1083）。秦少游乡居期间，参加过田野劳动，对农桑之事非常熟悉。《田居四首》之二可证："入夏桑柘稠，阴阴翳虚落。新麦已登场，馀蚕犹占箔。"秦少游家庭经济并不宽裕，他在给苏东坡的信中写道："敝庐数间，足以庇风雨。薄田百亩，虽不能尽充饘粥丝麻，若无横事，亦可给十七。"因此，他深知农桑的重要性。秦少游入京应试，山东兖州为必经之路，兖州蚕业最盛，他深入其间，认真考察、总结、借鉴，最终以文字的形式推广开来。《蚕书》一文高古简约，朴实无华，唯务有用于民生。虽不满千字，却是一篇很有价值的农桑之文。此文全面介绍了养蚕技艺，从浴蚕种、蚕生长、吐丝、结茧、缫丝的全过程到养蚕的工具器械和避忌，以及西域蚕史，都有简明切实的说明，具有高度的科学性。

《蚕书》对保留我国古代养蚕缫丝资料，普及蚕桑技术，起到了重要的作用。从我国蚕业史和蚕桑文化来看，《蚕书》堪称重要的农桑文献。秦少游身后一个多世纪，也就是南宋宁宗嘉定时期（1208—1224），汪纲知高邮军，奖励农桑，将《蚕书》刻成单行本流通于世，成为"九州蚕事"之指南。

秦少游的《谢及第启》

元丰八年乙丑（1085），这一年秦少游登焦蹈榜进士第，按照新进士的惯例，他要上《谢及第启》对朝廷谢恩，对考官表示感谢。

光灵遽被，愧幸特深。窃以圣神临御之初，实惟祖宗熙洽之后，戈兵收偃，经艺著明。风俗莫荣于为儒，材能咸耻乎不仕。圜冠句屦，求自试者几千万焉；血指汗颜，获见收者才数百耳。既甚严其程度，宜尽得于豪英。如某者，淮海孤生，衣冠末系。志在流水，尝辱子期之知；困于盐车，颇为伯乐之顾。徒以为养而求仕，故虽被黜以忘惭。惩于羹者吹齑，自知其妄；不量凿而正枘，人指为狂。岂意力田而逢年，亦称长袖而善舞。太羹焉用，以贵本而不遗；昌歜甚微，缘嗜偏而见取。方贤书之上献，俄吏议之旁连。窃铁致疑，事非在我，解骖见赎，世鲜其人。尚赖平反，卒蒙昭雪。折剑既以重铸，死灰因而复燃。究其倚伏之难常，益信穷通之有定。属皇明之既照，推睿泽以横流。特免试言，径跻仕版。技能莫效，初如不战而屈人；名宦亟成，更类无功而受禄。退而省察，殆有夤缘。此盖伏遇某官诱进人材，主张士类。离奇蟠木，素为左右之先；璀璨余光，复自比邻之借。致兹寒陋，亦预采收。敢不慎操修之方，明出处之致；庶期末路，获报明恩。过此以还，未知所措。

从本文来看，少游进士及第后的心情是较为复杂的，不能简单以蟾宫折桂的喜悦来形容。少游悲欣交集，既感慨自己科场之路的坎坷，以"困于盐车"的千里马自比，又幸运得到伯乐的垂爱，终究博得一第。在这篇感恩及第的小启中，他披露了"淮南诏狱"的往事："方贤书之上献，俄吏议之旁连。窃铁致疑，事非在我，解骖见赎，世鲜其人。尚赖平反，卒蒙昭雪。"虽然他用了典故，隐约其辞，但"事非在我"的表白证明他是受到牵连而被逮。对于这次短暂的牢狱之灾，少游有诗为证。《对淮南诏狱二首》：

一室如悬磬，人音尽不闻。老兵随卧起，漂母给朝曛。
樊雉思秋野，鞲鹰望暮云。念归忘食事，日减臂环分。

淮海行摇落，文书亦罢休。风霜欺独宿，灯火伴冥搜。
笳动朱楼晓，参横粉堞秋。更挢飞镜破，应得大刀头。

又《银杏帖》：

观自去岁入京,遭此追捕,亲老骨肉,亦不敢留乡里。治生之具,缘此荡尽。今虽得生还,而仰事俯育之计,萧然不给。想公闻之,不能无恻然也。……

究竟因何事而陷入淮南诏狱呢?少游语焉不详,今人亦众说纷纭,莫衷一是。我觉得不外乎东坡"乌台诗案"和朋党之争的株连。因为党争的构陷,少游在汴京省试落第,在返乡的路上遭到追捕,拘禁于淮南诏狱。不久就平反昭雪,于元丰八年中进士。经此事变,少游越发觉得人生"倚伏之难常","穷通之有定",即便走上仕途,也难免谗言谤伤。名为"谢及第",处处却都能见出一种掩盖不住的愤懑怨怼之气,少游落拓不平的心境可以想见。这篇小启为四六骈文,属对工巧,多运典入文,渊雅而熨帖。

秦少游的干谒之文

秦少游没有中进士之前,一方面潜心读书,用心作文;一方面以文章为贽,干谒名公巨卿,如鲜于侁、曾肇、吕公著、王珪等,希图得到他们的提携。少游《上吕晦叔书》就是一篇典型的干谒之文。元丰七年春,吕公著以资政殿大学士移知扬州。是年五月,少游投卷以干谒。

兹录如下:

五月日,进士秦某,谨再拜献书知府大资阁下。某闻天下之功,成于器识;来世之名,立于学术。古之大臣,以道事君,不可则止,未始有意于功名。然其器识学术,博大而精微,则功名岿然与时自至,虽欲深闭固拒,挥而去之,不可得也。昔汉昭宣之时,霍光以宿卫之臣,任汉室之寄,大器将倾,徐起而正之,神色不变,此其器识实有以过人者;然操持国柄,不知消息盈虚之运,身死肉未及寒,而宗族灭矣,则学术不明之弊也。其后顺桓之间,李固以一时名儒,位居三事,扼奸臣之吭而夺其气,此其学术真有古之遗风；然易举轻发，不能定大计于无形，至争以口舌，申之书腾，事固不就，身亦随之丧焉，则器识不宏之弊也。非特二子为如此，大抵西汉之士器识优于学术，故多成功而名不足；东汉之士学术优于器识，故多令名而功不成。夫君子以器为车，以识为马，学术者，所以御之耳。西汉之士如环人之车，驾以骏骢，驱通道，上峻阪，无所不可。然而日暮途远，倒行逆施者有焉。东汉之士如泰豆氏持策揽辔，圆旋中规，方折中矩，然而车弊马羸，转薄于险阻之间，则固已败矣。某狂妄，尝以此说推论历世豪杰之士，又以默观当今之时，而搢绅先生有告某者，以谓器足以任天下之重，识足以致无穷之远，学足以探天人之赜，术足以偶事物之变，如古之所谓大臣，非阁下不足以与于此。又曰：阁下之道，如元气行乎浑茫之中，其发为风霆雨露者特糟粕耳。某时方食，闻之投匕箸而起，遂欲身从服役之后，求备扫洒之列，而困于无介绍莫获自通。窃伏淮海，抱区区之愿，缺然未厌者有年矣。比者天幸，阁下来守是邦，而某丘墓之邑实隶麾下。是以辄忘贱陋，取其不腆之文，录在异卷，赘诸下执事，又述其愿见之说，为书先焉。夫大冶无弃金，大陶无弃土，江海不却水，王侯不遗士。某虽不能廉小谨曲以自托于乡间，然古人所以处废兴而择去就者，窃尝讲其一二矣。傥阁下不赐拒绝而辱收之，请继此以进。干冒台严，俯伏待命。不宣。

干谒之文，尤其是干谒朝廷大佬之文，往往会摧眉折腰，倘要写出"干人而不屈己"的豪迈洒脱、孤高耿介之气，自然是非常困难的，而少游却以过人的识见和才华做到了这一点。他首先提出"器识学术，博大而精微，则功名岿然与时自至"的论点，接着以古证今，引用西汉霍光和东汉李固两个事例，辩证地阐发了器识与学术二者之间的关系，器识大可以建立不世功勋，却往往因学术浅陋，"不知消息盈虚"之天道而身死名灭，反过来说，学术湛深能洞察天下大势，却亦因器识之拘隘而难成大业。二者各有专美，亦各有弊端，而能兼得者，才是真正的古之大臣，理想的境界就是"器足以任天下之重，识足以致无穷之远，学足以探天人之赜，术足以偶事物之变"。少游对器识学术的知性论述彰显出不俗的见识和学养。

不过，因为此文意存干谒，功利性太强，也就难逃干谒之文的俗套，就是对大佬吹捧无度，虚奖逾涯。吕公著堪称北宋名臣，但说他器识学术达到了第一流的境界，委实有点大而无当。

秦少游的贺启

秦少游中了进士之后，为了官场的周旋，或出于感激，也写了一些贺启，敬奉朝廷大佬。如《贺吕相公启》：

> 伏审光膺宸命，显正台司。凡在生成，举同抃蹈。窃以娲皇补天之际，高宗梦帝之初，未就泥金，正资陶铸；不调琴瑟，方赖更张。是谓大有为之时，必得非常人之佐。恭惟中书仆射相公，累朝元老，当世大儒，力足以扶持颠危，风足以兴起贪懦。青天白日，奴隶不知其明；璞玉浑金，鉴识莫名其器。既天资之笃实，加地胄以高举。四世五公，勋在王室；一门万石，宠冠廷臣。宗族谓之小许公，夷狄以为真汉相。果从人望，爰享天心。方司左辖之严，遽践鸾台之峻。献可替否，而思矫激之过；解纷挫锐，而有调和之能。必欲成仁之始终，非特洁身之去就。繇是端人夆集，异党浸微，宽大之泽四覃，苛刻之风一变。名既得功而并立，位当与德而俱崇。明诏始班，吉士交庆。太公入国，固知天下之父归；伊尹得君，益见圣人之任重。念某猥缘幸

会，叨被题评。昔陪北海之樽，有同梦寐；今望平津之馆，如隔云天。但欣众正之路开，始幸太平之责塞。愿稽故事，就封富民之侯；请与诸生，复上得贤之颂。

本篇作于元祐元年丙寅（1086）四月。吕相公，指吕公著。据《宋史·宰辅表》，是岁四月壬寅，吕公著自金紫光禄大夫、门下侍郎依前官加右仆射兼中书侍郎。本篇贺启乃是恭祝吕公著加官晋爵而作，少游热情赞颂了吕相公这位"累朝元老，当世大儒"的显赫功勋和贤者风范，描绘了吕家四世五公的门阀荣光和夷狄敬服的名臣器度。文章以四六骈体写成，锦心绣口，颇见巧思。文中大量使事用典，古典切于今典，既典重，又得体，如"宗族谓之小许公，夷狄以为真汉相""昔陪北海之樽，有同梦寐；今望平津之馆，如隔云天"等。但过悦必伪，少游初履仕途，汲汲于置身青云，渴望得到大佬的栽培，故对吕公著有吹捧之嫌。

秦少游还有一类贺启，是捉刀之作，即代地方长官祝贺朝廷重臣履新。如元祐三年戊辰（1088）四月，吕大防（字微仲）自中书侍郎加太中大夫、左仆射兼门下侍郎。时少游为蔡州教授，他代蔡州知州向宗回作了一篇贺启《贺门下吕仆射微仲启》：

伏审光奉明恩，进升左辅，伏惟庆慰。恭以某官，当世大儒，斯民先觉。毁誉莫为之损益，穷通靡得而变渝。

北平如高山深林,人何可测?巨源若浑金璞玉,器孰能名?卓乎在搢绅之中,屹然有公辅之望。果践西台之峻,遂跻端揆之崇。邸音喧腾,士类交庆。纳忠有素,讵须德裕之六箴?应变无方,不止姚崇之十事。

吕大防晋升左辅,少游代州守向宗回作此启向他表示祝贺,这本是官场惯例,官样文章,很难翻新出彩。但这篇四六小启却写得典丽渊雅,措辞得体。此文首先高度赞扬了吕大防"当世大儒,斯民先觉"的人格魅力,其次表彰了他"毁誉莫为之损益,穷通靡得而变渝"的政治品质,并引用历史上的名将贤臣来比附吕大防对社稷做出的突出贡献。"北平如高山深林,人何可测?巨源若浑金璞玉,器孰能名?"使典用事,既与吕大防其人熨帖,又令人浑然不觉,足称名句。

秦少游的游戏之文

秦少游自幼涉猎广博，耽于幽玄怪异之书。他在《逆旅集序》中说："今子所集，虽有先王之余论，周孔之遗言，而浮屠老子、卜医梦幻、神仙鬼物之说，猥杂于其间，是否莫之分也，信诞莫之质也，常者不加详，而异者不加略也，无乃与所谓君子之书言者异乎？"事实上，"浮屠老子、卜医梦幻、神仙鬼物之说"这些杂学对他的影响颇深，并行诸文字。他有一篇怪诞的人鬼斗法的游戏之文——《遣疟鬼文》。

邗沟处士秋得痎疟之疾，发以景中，起于毛端，伸欠乃作。其始也，凄风转雨，洒然薄人。其少进也，如冱墅阴崖，单衣犯雪；龟穷蠖屈，奄奄欲绝。寒威既替，热复大来，毕方媒毒，回禄嗣灾。躁外渴中，卧已复兴。欲挟斗杓，东适渤澥，酌以注嗌，未足为快。徂酉尽戌，澳然沾汗，然后乃已。于是，处士乃澡心虑，斥聪明，枕石藉茅，偃于洞房。疲极而寐，梦五鬼物异服丑形，朱丹其发，运斤鼓橐，縻绠注缶，挥以大篲，跳踉而进曰："嘻，良苦！惟子昔年，学道名山，把握风雷,与斗争威。吏兵云屯,使者火驰,呼吸元气,悬鬼以嬉。我属蓄忿怒,候间隙之日久矣。孰为尔来,荒唐是师,跰弛是友,果于自为,横心肆口。随世上下,金镕木揉。尝于禁戒,糜灭应手。交亲指议,传笑十九。而子岸然,恬不为丑。我属缘是得而甘心焉。"于是处士惊遽,若失所以对者。众鬼大笑,处士叱之曰:"来! 汝鬼物。向吾示汝神明之机,天收其武,地藏其文,七纬十精,亡失光耀。而汝朋俦,漫不复省。瞽蒙之前,藻绘徒施。叩宫流徵,而聩者勿知。尝以为未然,乃今信之。蹇吾妙龄,志于幽玄,明师我违,以溺奇偏。疑信相寇,于兹有年。披收氛雾,乃睹青天。樊然故艺,一夕弃捐。饮食酣寝,以还本源。若夫嫔御如云,珍货山积,后房弹吹,秀色可食。马有副,车有贰,人同所好,吾亦勿避。久宦无成,家徒壁立。弹剑而哦,援琴自慰。风埃蓝缕,儿女所羞。人所共恶,吾亦勿求。好恶我无,与天下俱。故造物之父,与吾并驾而游,固非汝曹知也。嗟汝鬼物,亦道之孙,经纬星辰,启阴闭阳。何独迷缪,自丧耿光? 依凭草木,为此不祥!"于是众鬼相视失色,涕泗交颐,咶而不合,悔其所为,稽首再拜,称弟子而去。处士瘳,亦失厥疾矣。

本文作于元丰三年(1080)秋。这年夏日少游中了暑疾,秋复发作,逾月始愈。疟鬼,即以鬼喻疟,遣疟鬼即驱走疟疾,病体复苏。此文以奇峭生新的想象,诙谐讥谑的语言,将一段病中杂感描绘成与疟鬼斗法的魔幻诡谲的经历。虽然以游戏笔墨出之,却能见出少游个性中桀骜不驯、幽默率性的一面。他将疟疾之病痛喻为恶鬼来袭,要趁机报复自己昔日曾于名山学道、斩妖除魔之事。而少游毫无畏惧,勃然叱之,将天地大道展示在众鬼面前,令它们涕泗交颐、悔愧拜服而去,自己也因此涩然汗出、霍然病已。

此文立意取法韩愈的《送穷文》,行文铺采摛文,体物精妙,又有枚乘《七发》之遗意。正如林纾之评:"此脱胎《送穷》之文,奇警黔黑,满纸突兀,自是才人极笔。首一段写疟之状,仆则五次尝之,一无差谬,真善于体物矣!"(《林氏选评名家文集·淮海集选》)

秦少游的寓言体小说

　　秦少游的《清和先生传》是一篇寓言体小说。乍看上去是人物传记，而实际上为酒立传。清和先生即酒的化身，或谓之酒人。既名"清和"，当有清和之德。如此说来，此文即酒德之颂。魏晋之际"竹林七贤"之一的刘伶写过《酒德颂》。文章不长，录之如下：

　　　　有大人先生，以天地为一朝，万期为须臾，日月为扃牖，八荒为庭衢。行无辙迹，居无室庐，幕天席地，纵意所如。止则操卮执觚，动则挈榼提壶，唯酒是务，焉知其馀？有贵介公子，搢绅处士，闻吾风声，议其所以。乃奋袂攘襟，怒目切齿，陈说礼法，是非锋起。先生于是方捧罂承槽，衔杯漱醪，奋髯箕踞，枕曲藉糟，无思无虑，其乐陶陶。兀然而醉，豁尔而醒，静听不闻雷霆之声，熟视不睹泰山之形，不觉寒暑之切肌、利欲之感情。俯观万物，扰扰焉如江汉之载浮萍；二豪侍侧焉，如蜾蠃之与螟蛉。

那么少游的《清和先生传》与之相比，有什么特色呢？录全文如下：

　　清和先生姓甘，名液，字子美。其先本出于后稷氏，有粒食之功。其后播弃，或居于野，遂为田氏。田为大族，布于天下。至夏末世衰，有神农之后利其资，率其徒，往俘于田而归。其倔强不降者，与强而不释甲者，皆为城旦舂。赖公孙杵臼审其轻重，不尽碎其族，徙之陈仓，与麦氏、谷氏邻居。其轻者犹为白粲与鬼薪仵，已而逃乎河内，又移于曲沃。曲沃之民悉化焉。曲沃之地近于甘，古甘公之邑也，故先生之生，以甘为氏。始居于曹，受封于郑。及长，器度汪汪，澄之不清，挠之不浊，有酝藉，涵泳经籍；百家诸子之言，无不滥觞。孟子称伯夷清、柳下惠和，先生自谓不夷不惠，居二者之间而兼有其德，因自号曰清和先生云。士大夫喜与之游，诗歌曲引，往往称道之。至于牛童马卒、闾巷倡优之口，莫不羡之。以是名渐彻于天子，一召见，与语竟日。上熟味其旨，爱其淳正可以镇浇薄之徒，不觉膝之前席。自是屡见于上，虽郊庙祠祀之礼，先生无不预其选。素与金城贾氏及玉卮子善，上皆礼之。每召见先生，有司不请而以二子俱见，上不以为疑。或为之作乐，盛馔以待之。欢甚，至于头没杯案。先生既见宠遇，子孙支庶出为郡国二千石，往往皆是。至于十室之邑，百人之聚，先生之族，无不在焉。昔最著闻者，中山、宜城、溢浦,皆良子弟也。然皆好宾客,所居冠盖骈集,宾客号哎,出入无节,交易之人,所在委积。由是上疑其浊,小人更乘间以贿入,欲以逢上意而取宠。一日,上问先生曰:"君门如市,何也?"先生曰:"臣门如市,臣心如水。"上曰:"清和先生,今乃信其清和矣!"益厚遇之。由是士大夫愈从先生游,乡党宾友之会,咸曰:"无甘公而不乐。"既至,则一座尽倾,莫不注揖。然先生遇事多不自持,以待人斟酌而后行。尝自称:"沽之哉,沽之哉,我待价者也。"人或召之,不问贵贱,至于斗筲之量,挈瓶之智,或虚己来者,从之如流。布衣寒士,一与之遇,如挟纩。惟不喜释氏,而僧之徒好先生者,亦窃与先生游焉。至于学道隐居之士,多喜见先生以自晦。然先生爱移人性情,激发其胆气,解释其忧愤,可谓能令公喜、能令公怒者邪!王公卿士如灌夫、季布、李景俭、桓彬之徒,坐与先生为党而被罪者,不可胜数。其相欢而奉先生者,或至于破家败产而不悔。以是礼法之士,疾之如仇。如丞相朱子元、执金吾刘文叔、郭解、长孙澄皆不悦,未尝与先生语。时又以其士行或久,多中道而变,不承于初,咸毁之曰:"甘氏孽子,始以诈得,终当以诈败矣!"久之,或有言先生性不自持,无大臣辅政之体,置之左右,未尝有沃心之益;或虞以虚闲废事。上由此亦渐疏之。会徐邈称先生为圣人,上恶其朋比,大怒,遂命有司以光禄大夫秩就封。宗庙祭祀,未尝见遂。终于郑,仕于郡国者,皆不夺其官。

初，先生既失宠，其交游往往谢绝。甚者至于毁弃素行，以卖直自售。惟吏部尚书毕卓，北海相孔融，彭城刘伯伦，笃好如旧。融尝上书辨先生之无罪，上益怒，融由此亦得罪。而伯伦又为之颂，为当世所有，故不著。今掇其行事大要者著于篇。太史公曰：先生之名见于诗书者多矣，而未有至公之论也。誉之者美逾其实，毁之者恶溢其真。若先生激发壮气，解释忧愤，使布衣寒士乐而忘其穷，不亦薰然慈仁君子之政欤？至久而多变，此亦中贤之疵也。孔子称："有始有卒者，其惟圣人乎！"先生何诛焉？予尝过中山，慨然想先生之风声，恨不及见也，乃为之传以记。

此文采用拟人化手法，代酒立传，想象奇特，语言饶有谐趣，虽是虚构的小说，但又采撷经史和传说别有寓托，句句在写人，又无一不在说酒，酒与人合而为一，人品寓于酒品，其笔法师法司马迁《史记》人物传记，或叙事，或抒情，或议论，其文风的博辩、恣肆深得太史公的意趣。

文章一上来就介绍了清和先生的姓氏名号与世系源流，接着又叙述了他"器度汪汪，澄之不清，挠之不浊"的体性，其品格在"清"与"和"之间，兼有其德，所以名之为清和先生。清和先生涵泳经籍，滥觞于诸子百家，其人格学识不同凡响，无论在民间，还是士大夫圈内影响颇大，甚至传到了宫廷。天子对清和先生殊为礼遇，清和先生亦谑浪笑傲，狂放不羁。他"爱移人性情，激发其胆气，解释其忧愤，可谓能令公喜、能令公怒"，然而礼法之士疾之如仇，不断进谗，终于失宠于天子。失宠之后，交游谢绝，甚而落井下石。但清和先生依然受有识之士的推重，他们对他笃好如旧。"清和"二字乃文眼之所在，是酒德，亦是人格与魅力之所在，一生的沉浮不定、荣辱毁誉全系于此。

作者出于对酒之为物的喜爱，赏其能"激发壮气，解释忧愤，使布衣寒士乐而忘其穷"的品格，对古往今来清和先生遭遇到的不公待遇和谗言毁谤，尤其是对世人在其荣宠渐衰后的疏离摒斥表示深沉的怨怼不满，"誉之者美逾其实，毁之者恶溢其真"，哪里只是对清和先生呢？世态人情就是如此。文章不仅是就酒而谈，其中也包蕴了自己受党争牵累屡遭谤毁贬谪的身世之感，看似娓娓的讲述中透出一股狷介不平之气，体现了秦少游性格中"狂狷"的一面。

秦少游托二侯以讽世

秦少游的杂文《二侯说》托诸闽地民间传说而发挥议论，盖有所寓。文中"侯白""侯黑"，似民间传说中人物。这篇幽默精悍的小品，寓深刻的讽刺于生动的艺术形象中，颇有批判精神。

闽有侯白，善阴中人以数，乡里甚憎而畏之，莫敢与较。一日，遇女子侯黑于路，据井旁，佯若有所失。白怪而问焉，黑曰："不幸堕珥于井，其直百金，有能取之，当分半以谢。夫子独无意乎？"白良久计曰："彼女子亡珥，得珥固可绐而勿与。"因许之。脱衣井旁，缒而下。黑度白已至水，则尽取其衣亟去，莫知所途。故今闽人呼相卖曰："我已侯白，伊更侯黑。"余谓二侯皆俚巷滑稽之民，适相遭而角其技，势固不得不然；于其所亲戚游旧，未必尔也。而今世荐绅之士，闲居负道德，矜仁义，羞汉唐而不谈，真若无徇于世者。一旦爵位显于朝，名声彰于时，稍迫利害，则释易而趋险，叛友而诬亲，挤人而售己，更相伺候，若弈棋然。

唯恐计谋之不工,侥幸一切之胜而曾白黑之不若者,武相仍,袂相属也。则二侯之事,亦何所怪哉!

　　少游先讲述了一个饶有趣味的小故事,闽人侯白惯常坑蒙拐骗、算计别人,殊不料因贪利误入侯黑的圈套,反被骗走了衣服。少游将此等俚巷滑稽之民的戏谑小技延伸到满口仁义道德的朝堂君子身上,剥开他们道学家清高自守的虚伪外衣,一针见血地讽刺他们爬到权力高位后锱铢必较、反覆无常、叛友诬亲、挤人售己的卑劣行径和丑恶嘴脸,与他们相比,市井小民的小骗小偷又算得了什么呢? 联系北宋朝廷新旧党争纷乱莫测、云谲波诡的政治格局和朋党之间倾轧排挤、尔虞我诈的殊死争斗,少游发此慨叹也就不难理解了。

《眇倡传》：针砭与励志

秦少游元祐五年（1090）供职秘书省后遇事日多，见闻日广，往往涉笔成篇，意存针砭，亦能励志。《眇倡传》就是难得的佳篇。

吴倡有眇一目者，贫不能自赡，乃计谋与母西游京师。或止之曰："倡而眇，何往而不穷？且京师天下之色府也，美盼巧笑，雪肌而漆发，曳珠玉，服阿锡，妙弹吹，籍于有司者以千万计。使若具两目，犹恐往而不售，况眇一焉。其瘠于沟中必矣。"倡曰："固所闻也，然谚有之：'心相怜，马首圆。'以京师之大，是岂知无我俪者？"遂行，抵梁，舍于滨河逆旅。居一月，有少年从数骑出河上，见而悦之，为解鞍留饮燕，终日而去。明日复来。因大嬖，取置别第中。谢绝姻党，身执爨以奉之。倡饭，少年亦饭；倡疾不食，少年亦不食。嗫嚅伺候，曲得其意，唯恐或不当也。有书生嘲之曰："间者缺然不见，意有奇遇，乃从相矢者处乎？"少年忿曰："自余得若人，还视世之女子，无不余一目者。夫佳目得一足矣,又奚以多为?"赞曰:前史称刘建康嗜疮痂,其门下二百人,常递鞭之,取痂以给膳。夫意之所蔽,以恶为美者多矣,何特眇倡之事哉?传曰:"播糠眯目,则天地四方易位。"余尝三复其言而悲之。

本篇记眇倡在梁奇遇。所谓君子之美,首重德行;女子之美,特推容貌。少游却讲述了一个独目娼妓遇宠的故事。虽说构思奇特,情节新颖,可能也有真人真事的影子,并非空穴来风。表面上写富家少年的猎奇逐怪,实际上是借题发挥,讽刺那些"意之所蔽,以恶为美"的糊涂虫。嗜痂之癖,以恶为美,颠倒是非,在封建时代屡见不鲜,屈原因有"世溷浊而不清:蝉翼为重,千钧为轻;黄钟毁弃,瓦釜雷鸣"(《楚辞·卜居》)之慨叹,少游身逢元祐党争,政局朝三暮四,谗人高张,贤士无名,面对如此现实,怎能不感到屈辱与愤懑?无怪乎要以如此离奇荒诞的故事来讽刺那些违情悖理、妍媸不分的达官显宦了。

少游的本意是借眇倡的故事讽刺以恶为美的社会现象,然而此文的解读可以有另一种视角。就眇倡个体来看,她作为一个有残疾的艺人,却没有自暴自弃,敢于挑战自我的生理缺陷,西游号称"天下之色府"的京师去谋生,去角逐,坚信"心相怜,马首圆",这种超乎常人的勇气难道不值得敬佩吗?

秦少游报苏公的尺牍

元丰元年,秦少游第一次赴汴京应举时,到徐州拜望了当时已是诗界领袖、文坛盟主的苏东坡,他在《别子瞻学士》一诗中写道"我独不愿万户侯,惟愿一识苏徐州",表达了对这位前辈的由衷景仰,苏东坡也十分欣赏少游的才华:"故人已去君未到,空吟河畔草青青。谁谓他乡各异县,天遣君来破吾愿。"两人相见恨晚,结下了亦师亦友的终生情谊。

少游落第之后,亲戚旧游多所讥谤,惟苏轼给他写了亲笔信托参寥携至高邮。

某启。别后数辱书,既冗懒且无便,不一裁答,愧悚之至。参寥至,颇闻动止,为慰。然见解榜,不见太虚名字,甚怅叹也。此不足为太虚损益,但吊有司之不幸尔。即日起居何如?参寥真可人,太虚所与之,不妄矣。何时复见,临纸惘惘,惟万万自爱而已。谨奉手启上问。诸事可问参寥而知,入夜困倦,书不详悉。程文甚美,信非当世君子之所取也。仆去替不远,尚未知后任所在,意欲东南一郡尔。

得之，当遂相见。

信中苏公安慰他"此不足为太虚损益，但吊有司之不幸尔"，充分肯定了他的才华，这无疑给予了他极大的鼓励。当年的冬天，他写了《与苏公先生简》：

> 某顿首再拜知府学士先生。比参寥至，奉十二月十二日所赐教，慰诲勤至，殆如服役，把玩弥日，如晤玉音，释然不知穷困憔悴之去也。即日伏惟尊候，动止万福。某鄙陋，不能脂韦婉娈，乖世俗之所好。比迫于衣食，强勉万一之遇，而寸长尺短，各有所施，凿圆枘方，卒以不合。亲戚游旧，无不悯其愚而笑之。此亦理之必然，无足叹者。殆以再世偏亲皆垂白，而田园之入，殆不足奉袅葛、供馐粥，犬马之情，不能无恛恛尔。然亦命也，又将奚尤？惟先生不弃，而时赐之以书，使有以自慰。幸甚，幸甚！穷冬未由侍坐，伏乞为国自重，下慰舆情。不宣。

此简向苏公抒发了怀才不遇的失路之感，自叹不能投机钻营、取媚世俗，以致赀财绵薄，不能尽犬马之情以奉养至亲，语气沉重悲凉，少游内心的愤懑郁结自可想见。但他将一时的得失归咎于命运的不公，也流露出他伤于软弱的性格弱点。此简有六朝名士风味，措词瑰奇而散淡。

下面这篇报苏公的尺牍作于元丰二年（1079）春间。从少游的回信中可以想见苏公对他的知遇之恩,真韩愈所谓"世有伯乐,然后有千里马,千里马常有,而伯乐不常有"(《马说》)。

　　某顿首,昨所遣人还,奉所赐诗书。伏蒙奖与过当,固非不肖之迹所能当也。愧畏,愧畏!比辰伏惟尊候万福。某比侍亲如故。敝庐数间,足以庇风雨。薄田百亩,虽不能尽充馆粥丝麻,若无横事,亦可给十七。家贫素无书,而亲戚时肯见借,亦足讽诵。深居简出,几不与世人相通。老母家人,见其如此,又得先生所赐诗书,称借过当,副之药物,亦可以湔所败辱,为不朽矣。参寥时一见过。他客既以奔军见弃,又不与之往还,因此遂绝。颇得专意读书,学作文字。性虽甚愚戆,亦时有所发明,差胜前时汩汩中也。《懋诚集引》寻已付邵君,刻石毕,寄上。次《黄楼赋》,比以重违尊命,率然为之,不意过有爱怜,将刻之石。又得南都著作所赋,但深愧畏也。文与可学士尚未至,如过此,当同参寥往见矣。春初未侍坐间,伏乞保卫尊重,下慰倦倦。不宣。某顿首。

　　此简娓娓而谈,多家常杂事与乡居所感,信笔所至,亲切感人。少游初试科场便铩羽而归,心情无疑是沮丧的,在此篇尺牍中,他向老师苏东坡倾诉了还乡后寂寞的生活,家境的清贫、亲人的老迈、世俗的势利,无一不令他多愁善感。唯有老师的书信,承载着深挚的关怀和殷切的期许,对他写的《黄楼赋》"过有爱怜,将刻之石",令他深感知遇。也因而"专意读书,学作文字",重拾信心和勇气。少游对老师的一片信赖、感激及景仰之情溢于言表。由此可见,在少游通往科举、仕途和文学道路的紧要之处,苏公扮演了关键的角色,他就是少游的伯乐。

秦少游的《掩关铭》

元丰元年春,秦少游第一次参加进士考试,名落孙山,乃退居乡里,闭门谢客,以诗书自娱,作了一篇《掩关铭》。少游真的能以道自遣,忘情得失吗?其辞曰:

门有衡衢兮蹄踵联,世不我谋兮地自偏。浑沌是师兮机械焚,何以玩心兮有讨论。插架万轴兮星宿悬,口吟目披兮游圣贤,偶与意会兮欣忘餐。植芳树美兮亦既蕃,执耰搏虎兮更众难。自核不迷兮遹《考槃》,塞民多艰兮戒求全。高明家室兮鬼笑喧,速成亟坏兮理则然。蔓蔓荆棘兮上造天,窦窬磨牙兮交术阡,勿应其求兮衔深冤。掩关自娱兮解忧患,啜菽饮水兮颜悦欢,优哉游哉兮聊永年。

这篇铭文采用骚体,表现了少游初举进士不第后郁愤难平,又不得不寻求化解的心境。文中首先以陶渊明的不慕荣利、忘怀得失自我标榜,表示自己要隐居避世,以浑沌为师,尚友古人,这其实大有痕迹,真正胸怀旷逸者怎会如此直白?紧接着便对新法带来的政治的严苛昏暗、民众的贫困痛苦、官吏的残暴跋扈表示了激烈的不满，可见少游不能忘情政治，"掩关"之言也就不攻自破，此时的他是不会绝意仕进而去享受什么隐士的槃阿之乐的，所谓的"掩关"不过是自我宣泄和安慰而已。

少游进士落第，心情是苦闷的。他的《画堂春》词写道：

> 落红铺径水平池，弄晴小雨霏霏。杏园憔悴杜鹃啼，无奈春归。　　柳外画楼独上，凭阑手捻花枝。放花无语对斜晖，此恨谁知？

"杏园憔悴"就是应试落第之意，他的心情如杜鹃啼血一般哀伤。少游铩羽而归，他写作《掩关铭》意在努力安顿自己的心灵，"掩关"就是把烦恼挡在门外，悠游自乐。

铭体贵在弘润，以简约为美。全文气势雄肆，文采奇丽，任情挥洒而不失精巧。

秦少游祷告上天的青词

　　青词,道教上奏天神之表章。唐人李肇《翰林志》:"凡太清宫道观荐告词文,用青藤纸朱字,谓之青词。"秦少游《登第后青词》作于元祐元年,也就是登第后的第二年,是时"叨预仕途",故以青词还愿神灵,祈福消灾。青词云:

　　窃以天运至神,固不期于报效;群生多故,实有赖于祈禳。敢伸恦恦之私,仰渎高明之鉴。伏念臣生而固陋,长更屯奇。奔走道途,常数千里;淹留场屋,几二十年。既利欲之未忘,在过愆而奚免?深惧风霆之谴,窃萌豺獭之心。乃与母亲戚氏,爰自往年,愿修醮事。今则猥尘科第,叨预仕途。岂微躯之克堪,皆造物之冥赐。辄取丙寅之岁,祗就海陵之宫。依按灵科,酬还素志。伏愿上真昭答,列圣顾怀,增寿考于慈亲,除祸殃于眇质。私门安燕,无疾病之潜生;宦路亨通,绝谤伤之横至。臣无任。

　　少游三次应举,至三十七岁方考中进士,"奔走道途,常数千里;淹留场屋,几二十年",相对于那些春风得意的少年进士来说,确实命运"屯奇"。这对于青年时期积极入世、豪俊激扬的他来说实在有些太晚。但毕竟博得一第,他对造物之冥赐、上苍的眷顾依然心怀感激,摛翰振藻,写下这篇辞气纷纭、念往追来的祝文。

登第后的秦少游并没有踌躇满志,而是对前途不无忧虑。说到底自己"利欲未忘",仕途上还要奔竞,这样一来就很容易被人抓住"过愆",忧患就必不可少,冥冥中的"风霆之谴"似乎在等待着他。所以他虔诚地祷告上天:"增寿考于慈亲,除祸殃于眇质。私门安燕,无疾病之潜生;宦路亨通,绝谤伤之横至。"真所谓不幸而言中,少游此后的十余年仕宦生涯竟陷于士大夫朋党之争,以至于"谤伤横至",遭遇朝廷的"风霆之谴",迭遭贬谪,"岁七官而五谴,越鬼门之幽关"(《和渊明归去来辞》),最后虽遇赦北归,却在藤州病殁,就此走完了人生的旅途。

秦少游的《书晋贤图后》

秦少游乃苏门才子，从苏东坡游，性情受苏东坡影响很大，有时嬉笑怒骂，酣畅淋漓。如《书晋贤图后》：

此画旧名《晋贤图》，有古衣冠十人，惟一人举杯欲饮，其余隐几、杖策、倾听、假寐、读书、属文，了无沾醉之态。龙眠李叔时见之曰："此《醉客图》也。"盖以唐窦蒙《画评》有《毛惠远醉客图》，故以名之焉。叔时善画，人所取信，未几转相摹写，遍于都下，皆曰此真《醉客图》也，非叔时畴能辨之？独谯郡张文潜与余以为不然。此画晋贤宴居之状，非醉客也。叔时易其名，出奇以眩俗耳。余旧传闻江南有一僧，以赀得度，未尝诵经，闻有书生欲苦之，诣僧问曰："上人亦尝诵经否？"僧曰："然。"生曰："《金刚经》几卷？"僧实不知，卒为所困，即诬生曰："君今日已醉，不复可语，请俟他日。"书生笑而去。至夜，僧从邻房问知卷数。诘旦生来，僧大声曰："君今日乃可语耳，岂不知《金刚经》一卷也。"生曰："然则卷有几分？"僧茫然，瞪目熟视曰："君又醉耶？"闻者莫不绝倒。今图中诸公了无醉态，而横被沉湎之名，然后知昔所传闻为不谬矣。虽然，余惧叔时以余与文潜异论，亦将以醉见名。则余二人者，将何以自解也？叔时好古博雅君子，其言宜不妄。岂评此画时方在酩酊邪？图中诸客泊予二人，孰醉孰不醉，当有能辨之者。

李公麟，字伯时，号龙眠居士，北宋著名画家。博学多能，喜藏钟鼎古器及法书名画，与苏东坡、黄庭坚、秦少游、米芾等交游，又为王安石所推许。擅画人物、佛道像，自创一格。秦少游亦游心书画，有道有艺，时有卓见。秦少游与李叔时皆游于苏东坡之门，交谊颇深，然而在此文中，却运用讲故事的方式，冷嘲热讽，谑而近虐地批驳了李叔时的画论。他首先正面批驳李作为画坛权威所下的鲁莽论断，明明是一幅《晋贤图》，画晋贤闲居之状，了无沾醉之态，李叔时却轻心易念，定为《醉客图》，真所谓英雄欺人，出奇以眩俗。然而这一鲁莽论断却因权威效应，偏偏取信于人，谬种误传。行笔至此，作者意犹未尽，又借江南钝僧诬人以醉的小故事来迂回讽喻，以书生自喻，以钝僧比李叔时，从对钝僧的描摹中，我们自可联想到李叔时的专断、傲慢与滑稽。不过，秦少游将李公麟比作无知者无畏的钝僧，却近乎刻薄。此文文眼所聚乃在一个"醉"字，围绕此字大做文章，欲擒故纵，妙语横生，嬉笑怒骂，波澜迭起。无怪乎近人林纾《林氏选评名家文集·淮海集选》评曰："将一'醉'字弄玩如宜僚之丸，随心高下，真聪明臻于极地。"

秦少游的《辋川图跋》

秦少游《淮海集》中多小品文,运笔自如,或雅洁,或恣肆,多分布于叙记、尺牍、序跋、杂说、传记诸文体中。少游的序跋文字不为文体所拘囿,纵笔所如,或以性情见长,或以聪明见长。如《辋川图跋》:

> 余曩卧病汝南,友人高符仲携摩诘《辋川图》过直中相示,言能愈疾,遂命童持于枕旁。阅之,恍入华子冈,泊文杏、竹里馆,与裴迪诸人相酬唱,忘此身之匏系也。因念摩诘画,意在尘外,景在笔端,足以娱性情而悦耳目,前身画师之语非谬已。今何幸复睹是图,仿佛西域雪山移置眼界。当此盛夏,对之凛凛如立风雪中,觉惠连所赋犹未尽山林景耳。吁,一笔墨间,向得之而愈病,今得而清暑,盖观者宜以神遇,而不徒目视也。五月二十日,高邮秦观记。

本文是题写在王维《辋川图》上的跋语。作者没有描摹具体的辋川山水风光,也没有点评绘画技艺,而是另辟蹊径,从自己观画的感受着笔,写自己恍然随摩诘居士畅游辋川,与裴迪等名士诗酒酬唱,饱览名胜,流连忘返。炎炎夏日,澄怀观道,对画如对西域雪山,"凛凛如立风雪中",病体豁然为之痊愈,不言画而画之艺术魅力自在不言之中。少游有一颗纯粹的词心,以词心观画,故能徜徉于《辋川图》的意象世界中,体悟到常人难以领会的意趣,真乃"意在尘外,景在笔端"。

秦少游谈读书

秦少游能成为著名文学家、政论家，与他的学养有着密切的关系。他有一篇谈读书的文章叫《精骑集序》，至今仍有意义。

予少时读书，一见辄能诵，暗疏之亦不甚失。然负此自放，喜从滑稽饮酒者游，旬朔之间，把卷无几日。故虽有强记之力，而常废于不勤。比数年来，颇发愤自惩艾，悔前所为，而聪明衰耗，殆不如曩时十一二。每阅一事，必寻绎数终，掩卷茫然，辄复不省。故虽然有勤苦之劳，而常废于善忘。嗟夫！败吾业者，常此二物也。比读《齐史》，见孙搴答邢词云："我精骑三千，足敌君羸卒数万。"心善其说，因取经、传、子、史事之可为文用者，得若干条，勒为若干卷，题曰《精骑集》云。噫，少而不勤，无如之何矣！长而善忘，庶几以此补之。

少游辑录经、传、子、史中有助于作文的条目汇集成书，题曰《精骑集》，所谓"精骑"就是"我精骑三千，足敌君羸卒数万"，出自《北齐书·孙搴传》孙搴答邢邵语，以兵贵精而不在多为喻，意思是读书贵精而不在多。本篇即是他为自己的选本《精骑集》所作的序言，作于元丰六年（1083）。

少游回顾了自己的读书经历，现身说法，将当年败坏学业的原因归结为少时的"滑稽饮酒""废于不勤"和中年的"聪明衰耗""废于善忘"，此种经验教训，对于今天的读书人仍具有普遍的教育意义。其实聪明人未必能学有所成，而愚钝者也未必不能成为饱学之士。聪明人下笨功夫才会有出息。少游从孙搴的话"我精骑三千，足敌君羸卒数万"中摘取书名，颇有深意，也是他成功的秘诀。读书泛而不精，就算博闻强记又有何用？不若记住真正有学养、有价值的东西。

少游《精骑集》曾是重要的选本。据南宋俞成《萤雪丛说》卷下记载："东莱先生吕伯恭尝教学者作文之法，先看《精骑集》，次看《春秋权衡》，自然笔力雄朴，格致老成，每每出人一头地。"直到明末，此书仍在士林流传，钱谦益《绛云楼书目》卷二曾经著录。虽然《精骑集》这部选本已经散佚，但秦少游揭橥的"精骑读书法"却有指南的价值。

秦少游与杭州龙井

杭州的龙井茶驰名天下，无人不知，无人不晓。之所以命名为龙井茶，委实跟龙井相关。龙井是深山的泉水。元丰二年，秦少游写有《龙井记》《龙井题名记》。这样说来，杭州的茶文化跟秦少游的名文还有关系呢。先看《龙井记》：

龙井旧名龙泓，距钱塘十里。吴赤乌中，方士葛洪尝炼丹于此，事见《图记》。其地当西湖之西，浙江之北，风篁岭之上，实深山乱石中之泉也。每岁旱，祷雨于他祠不获，则祷于此，其祷辄应，故相传以为有龙居之。然泉者，山之精气所发也。西湖深靓空阔，纳光景而涵烟霏，菱芡荷花之所附丽，龟鱼鸟虫之所依凭，漫衍而不迫，纤馀以成文。阴晴之中，各有奇态，而不可以言尽也。故岸湖之山，多为所诱，而不克以为泉。浙江介于吴越之间，一昼一夜，涛头自海而上者再，疾击而远驰，兕虎骇而风雨怒，遇者摧，当者坏，乘高而望之，使人毛发尽立，心掉而不禁。故岸江之山，多为所胁，而不暇以为泉。惟此地蟠幽而踞阻，内无靡曼之诱以散越其精,外无豪悍之胁以亏疏其气。故岭之左右,大率多泉,龙井其尤者也。夫畜之深者,发之远;其养也不苟,则其施也无穷。龙井之德,盖有至于是者,则其为神物之托也,亦奚疑哉?元丰二年,辩才法师元静自天竺谢讲事,退休于此山之寿圣院。院去龙井一里,凡山中之人有事于钱塘,与游客之将至寿圣者,皆取道井旁。法师乃即其处为亭,又率其徒以浮屠法环而咒之,庶几有慰夫所谓龙者。俄有大鱼自泉中跃出,观者异焉。然后知井之有龙不谬,而其名由此益大闻于时。是岁,余自淮南如越省亲,过钱塘,访法师于山中。法师策杖送余于风篁岭之上,指龙井曰:"此泉之德,至矣!美如西湖,不能淫之使迁;壮如浙江,不能威之使屈。受天地之中,资阴阳之和,以养其源。推其绪馀,以泽于万物。虽古有道之士,又何以加于此!盍为我记之。"余曰:"唯唯。"

这篇游记记叙了风篁岭上龙井泉的神奇瑰丽,自然之德与人格之美合而为一。在作者眼里,龙井泉不独为造化之奇观,神物之所托,亦是"有道之士",达到了"自然的人化"。龙井泉秘于深山乱石之中,"蟠幽而踞阻",不为西湖淡妆浓抹之美所诱,亦不为浙江汹涌磅礴之威所胁,而吞吐天地之灵气,"受天地之中,资阴阳之和",育化涵养一方百姓,实为厚德载物。"夫畜之深者,发之远;其养也不苟,则其施也无穷。"说的虽是龙井之德,却蕴涵着深深的哲理。

本文挟有奇思而笔致清健,既幽深静谧、神妙莫测,又充盈着生机活力。汩汩的清泉伴随着钟磬的余音,久久在耳畔回荡,读来如饮龙井香茗,令人心旷神怡,俗虑都消。

秦少游还有一篇《龙井题名记》,与《龙井记》是姊妹篇。《龙井记》着重写龙井泉水本身的特点,而《龙井题名记》则抒写月夜与参寥访龙井,酌清泉,听流水的感受。这是一篇优美的小品文,行文简洁,寓情于景,意境荒寒孤峭,笔法有得于柳宗元的山水游记。录文如下:

> 元丰二年中秋后一日,余自吴兴过杭,东还会稽,龙井辩才法师以书邀予入山。比出郭,已日夕,航湖至普宁,遇道人参寥,问龙井所遣篮舆,则曰:"以不时至,去矣。"是夕,天宇开霁,林间月明,可数毛发。遂弃舟,从参寥杖策并湖而行。出雷峰,度南屏,濯足于惠因涧,入灵石坞,得支径上风篁岭,憩龙井亭,酌泉据石而饮之。自普宁经佛寺十,皆寂不闻人声。道旁庐舍,或灯火隐显,草木深郁,流水激激悲鸣,殆非人间有也。行二鼓矣,始至寿圣院,谒辩才于潮音堂,明日乃还。

此文大有清虚空明的禅境。中秋既望,"天宇开霁",月色皎洁,少游与参寥杖策于西湖,迤逦而入山,"濯足于惠因涧","憩龙井亭,酌泉据石而饮之",何等逍遥适意!然而少游并没有全然忘却现实。"草木深郁,流水激激悲鸣,殆非人间有也"，字里行间流露的悲感，与恩师苏轼的乌台诗案有直接的关系。元丰二年六月，苏轼因讽刺新法，被政敌罗织罪名，锻炼成狱，在湖州知州任上被逮捕入京。秦少游闻讯从越州赶赴湖州探问，不果，又取道杭州返越。文章开头说"余自吴兴过杭，东还会稽"，说的就是这件事情。

因为杭州的龙井茶得名于龙井，每当饮龙井茶的时候，总让人情不自禁地想起少游的《龙井记》《龙井题名记》。少游名文对龙井的叙记与龙井茶的芳香堪称合之双美。还值得一提的是，晚明大书法家董其昌书写的少游《龙井记》是其书法代表作之一。《龙井记》碑刻的文字虽已漫漶难辨，但优美的线条仍给人非同寻常的美感，益显少游与龙井的缘分不浅。

眷眷怀归今得归

秦少游的贬谪毋宁说是一次漫长的文化苦旅，无边的幻梦、无限的伤痛、无尽的哀鸣尽在其中。正如唐人刘禹锡《答杨八敬之绝句》写的那样："饱霜孤竹声偏切，带火焦桐韵本悲。今日知音一留听，是君心事不平时。"所谓"饱霜孤竹""带火焦桐"比喻的就是逐臣遭到打击的生命状态，因而他们的诗歌声韵悲切，充满了不平之鸣。然而，"苦雨终风也解晴"（苏轼《六月二十日夜渡海》），元符三年七月，朝廷终于平反元祐党人，少游复宣德郎，从雷州北归，真个"玉关生入"！劫后余生，少游写下了《和渊明归去来辞》。

归去来兮，眷眷怀归今得归。念我生之多艰，心知免而犹悲。天风飘兮余迎，海月炯兮余追。省已空之忧患，疑是梦而复非。及我家于中途，儿女欣而牵衣。望松楸而长恸，悲心极而更微。升沉几何？岁月如奔。嗟我宿昔，通籍璧门。赐金虽尽，给札尚存。愧此散木，缪为牺尊。属党论之云兴，雷霆发乎威颜。淮南谪于天庖，予小子其何安？岁七官而五遣，越鬼门之幽关。化猿鹤之有日，诎国光之复观。忽大明之生东，释累囚而北还。酾天汉而一洗，觉宇宙之随宽。归去来兮，请逍遥于至游。内取足于一身，复从物兮何求？荣莫荣于不辱，乐莫乐于无忧。乡人告余以有年，黍稷郁乎盈畴。止有弊庐，泛有扁舟。濯余足兮寒泉，振余衣兮古丘。洞胸中之滞碍，眇云散而风流。识此行之匪祸，乃造物之馀休。已矣哉！桔槔俯仰无已时。举筋自属聊淹留，汝今不已将安之？封侯已绝念，仙事亦难期。依先茔而洒扫，从稚子而耘耔。修杜康之废祠，补《由庚》之亡诗。为太平之幸老，幅巾待尽更奚疑！

从创作心理上看，《和渊明归去来辞》确实深得陶潜原唱之体性，亦如杜甫《闻官军收河南河北》，抒发了凤凰涅槃般的狂喜，激情喷涌如行云流水，可以想见少游摆脱政治羁绊得以归去的畅适。"岁七官而五遣，越鬼门之幽关"，遭的罪越大，此刻的欢愉越大。"荣莫荣于不辱，乐莫乐于无忧"，似乎从此可以不辱，从此可以无忧。人心情愉快了，顿觉"宇宙之随宽"，胸中之滞碍随风而散。

可是我们不得不说再大的快乐也是一时的，少游的忧郁气质才是生命的常态，所以他的遇赦狂喜恰恰带有回光返照的意味。很难说他真的能破茧化蝶，纵浪大化，"逍遥于至游"，如此一来，"依先茔而洒扫"，"为太平之幸老"，也就成了无法兑现的一纸空文。就在他北返到达藤州的夏日，他竟走完了人生的旅程，真个"醉卧古藤阴下，了不知南北"了。

秦少游也是书法家

秦少游的师友多擅书法，苏东坡、黄庭坚、米芾卓然一代书家，秦少游本人的书法也堪称一绝。少游《次韵答米元章》诗云"挥毫春在手，岸帻海生云"，黄庭坚《病起荆江亭即事十首》其八则云"对客挥毫秦少游"，可以想见少游泼墨挥翰、潇洒自如的风采。南宋名臣李纲《秦少游所书诗词跋尾》说："少游诗字婉美萧散，如晋宋间人，自有一种风气。"

苏东坡没有跟少游正式见面之前，在老友孙觉那里读到秦郎的手稿，就夸他"故人坐上见君文，谓是古人吁莫测。新诗说尽万物情，硬黄小字临黄庭"（《次韵秦观秀才见赠，秦与孙莘老、李公择甚熟，将入京应举》），意思是诗书渐佳。"黄庭"即王羲之的小楷法书《黄庭经》。少游自己也说："春禽叶底引圆吭，临罢黄庭日正长。"（《春日五首》其四）可见临池之功不浅。少游论书酷爱王羲之，精研诸帖。难怪苏东坡晚年在儋州，对少游书法评价极高："少游近日草书，便有东晋风味，作诗增奇丽。乃知此人不可使闲，遂兼百技矣。"（《跋秦少游书》）

秦少游手书《辋川图跋》

少游对历代法书是有研究的。《淮海集》中收有九篇书论：《书兰亭叙后》《兰亭跋》《汉章帝书》《仓颉书》《仲尼书》《史籀李斯书》《钟繇书》《怀素书》《法帖通解序》，对真行草隶篆各体书法皆有深入的考论，推崇"华润有肉，神气动人"（《法帖通解序》）的风格。不过，秦少游一直没有以书家自诩。诚如陆游《跋秦淮海书》所说："黄豫章、秦淮海，皆学颜平原真行。豫章晚尤自称许，淮海则退避，不肯以书自名，亦各行其志也。"

少游虽"不肯以书自名"，但他的艺术水准摆在那，后世有人珍视他的墨迹。南宋岳珂《宝真斋法书赞》卷十七收录秦少游简帖五幅，真迹一卷。岳珂激赏少游书法"清劲古雅"，足以传世。又为简帖作赞云：

昔江淹梦五色笔,而不以能书称。天昌其文,字偕以行,如公辞章,淹岂能京?既已禅长公之文篆,奚必夸大令之墨精。托敬贤之盛心,尚遗迹之可凭。然则"我得其诗,手之而不释",予方将借荆国之书,以为此帖之评。

秦少游传世的墨迹尚有《辋川图跋》,现藏台北故宫博物院,还有手书《墨竹》诗、《获款帖》等,现存高邮文游台碑廊,又见《秦邮帖》。少游的行书深得王羲之的精髓,刚健中含婀娜之态,出新意于法度之外,诚如东坡所云"东晋风味"。

尾声：从秦少游说到乡贤文化

高邮乃广陵首邑，区域文化源远流长，博大精深，是名符其实的国家历史文化名城。高邮的乡贤文化得天独厚，从秦少游到汪曾祺，几百年来，薪火相传，绵绵瓜瓞，涌现了很多的杰出人才，为我们今人树立了榜样，丰厚的乡贤文化值得我们学习，传承，发扬光大。

秦邮乡贤有两个标杆式的人物：古有秦少游，今有汪曾祺。秦少游是北宋著名文学家、政论家，婉约派一代词宗。他的文韬武略、文采风流一直在后世流传。元代诗人陈基《高邮》诗云：“常怜秦太虚，材兼文武术。慷慨谈孙吴，议论每奇崛。遨游二苏间，文采尤骏发。”清代大诗人王士禛《高邮雨泊》写道：“寒雨秦邮夜泊船，南湖新涨水连天。风流不见秦淮海，寂寞人间五百年。”

汪曾祺先生则是当代著名小说家，以独特的里下河风味独树一帜，他的《受戒》《大淖记事》《异禀》《晚饭花》等都是脍炙人口的当代文学经典。他对高邮风情民俗的描绘，带动了里下河小说的繁荣，形成了里下河小说流派。汪老还是著名的美食家,高邮热爱汪味小说的商人开发了以汪老冠名的"汪味馆"。

乡贤文化是高邮文化的宝贵财富,这一精神层面的文化软实力,足可以打造成文化产业。珍视乡贤,依托乡贤,读乡贤书,造福桑梓是高邮人的使命和担当。少游故里三垛镇申报成功"中国七夕文化之乡",主要就是依托秦少游的《鹊桥仙》,因为《鹊桥仙》化腐朽为神奇,立意甚高,古今无两,是咏叹七夕的经典。

由秦少游拓展开来,高邮乡贤有很多:少游的老师孙觉是著名政治家、经学家,著有《春秋经解》;朱寿昌是天下闻名的大孝子,他弃官寻母的故事被选入了《二十四孝图》;邵迎是苏东坡同年的进士,东坡为他的诗集作序,并写下了深情的悼诗;桑正国是秦少游同年的进士,他的孙子桑世昌是陆游的外甥,辑有《兰亭考》《回文类聚》等;明代的汪广洋追随朱元璋打天下,官至丞相,也是诗人,著有《凤池吟稿》。

此外还有王磐和张纻。王士禛《秦邮杂诗八首》其五:"百年乐府说西楼,更有南湖擅此州。淮海以来二三子,不教鄂杜独风流。""西楼"指王磐,"南湖"则指张纻。王磐是著名曲家、画家,妙解音律,擅长度曲,他的《西楼乐府》讽刺俳谐,嬉笑怒骂。如《朝天子·喇叭唢呐》:

> 喇叭,唢哪,曲儿小,腔儿大。官舡来往乱如麻,全仗您抬声价。军听了军愁,民听了民怕。那里去辨甚么真共假?眼见的吹翻了这家,吹伤了那家,只吹的水尽鹅飞罢!

此曲讽刺宦官爪牙在民间狐假虎威,作威作福,堪称运河文学的经典之作。王磐虽是一介布衣,却关心民生,写有《野菜谱》,图文并茂,分辨各种野菜有无毒性,意在救荒。张綖编订了词史上第一部《诗馀图谱》,又首倡"婉约""豪放"之说,其中婉约之体就是以秦少游为样板,可见得益于《淮海词》不浅。清代乡贤则有著名诗人李必恒,他是"江左十五子"之一,其《樗巢诗选》在康熙诗坛独树一帜;训诂大师高邮二王则是扬州学派的杰出代表,著有高邮王氏四种《读书杂志》《广雅疏证》《经义述闻》《经传释词》等。因为诗礼传家,高邮出现了诸多的名门望族,如孙觉孙氏家族、秦少游秦氏家族、王念孙王氏家族、贾国维贾氏家族、夏之芳夏氏家族、李必恒李氏家族等。名门望族得力于教育与科举,维系一地文脉甚巨。高邮文化的繁荣有得于名门望族的支撑。

那么,我们为秦邮文化的可持续发展做些什么呢?简言之,汇辑乡邦文献,编写秦邮文化读本惠及市民。扬州以政府的力量领衔编纂了《扬州文库》,收录扬州历代地方文献,卷帙浩繁,里面有部分高邮文献,但数量很少,犹有较大搜辑的空间。高邮作为国家历史文化名城,堪称文献之邦,完全可以政府主导编纂成丛书系列——"秦邮文献"。秦邮文献即乡邦文献,具有存史、资政、教化、育人之功能。有道是高邮人挖掘乡邦文献,读乡贤书,意义重大,如潺潺的运河流水流向远方。

附录一　少游魅力，流韵千秋

——读《淮海清芬：书画秦少游诗词》

秦少游是高邮的骄傲，说起秦少游，高邮人几乎无人不知，无人不晓。但是真的要说出道道来，恐怕也未必了然。秦少游作为北宋著名文学家、政论家，不仅在青史上留名，在民间也深得人们的喜爱，是江淮地区屈指可数的文化名片，大力地研究他、宣传他乃题中应有之义。研究主要在学术层面，宣传则须雅俗共赏。要知秦少游的《淮海集》《淮海居士长短句》对于一般的读者仍然是有较大的障碍的。能不能以一种艺术的、直观的方式去传播秦少游的文字呢？高邮籍文化学者金实秋、黄平主编的《淮海清芬：书画秦少游诗词》作出了可贵的探索。这部书画册得以成书，颇费心力，印制非常精美、典雅。在我看来，它有三个价值：艺术价值，学术价值，典藏价值。

首先是艺术价值。《淮海清芬》是文学艺术与书画篆刻艺术的交融。秦少游诗词文赋无体不工，尤为北宋当红词人、

婉约派宗师。他的《鹊桥仙》
（纤云弄巧）、《满庭芳》（山抹
微云）、《踏莎行》（雾失楼台）、
《八六子》（倚危亭）、《望海潮》
（梅英疏淡）、《千秋岁》（水边沙
外）、《浣溪沙》（漠漠轻寒上小
楼）、《桃源忆故人》（玉楼深锁
薄情种）等作品是广为流传的宋
词经典，有的还被演绎成现代流
行歌曲，传唱于歌坛，如邓丽君
演唱的《清夜悠悠》，歌词就是

金实秋、黄平主编
《淮海清芬》封面

秦少游的《桃源忆故人》。尤其是《鹊桥仙》抒写牛郎织女的
爱情，既缠绵，又刻肌入骨，超凡脱俗，成为七夕题材最传唱的
作品。台静农先生说得好："秦观的词之能杰出于一代者，正
由其生命的热力，发而为哀乐的歌声。……他的词不如苏词
豪放，襟怀也不如苏轼高旷，然婉丽与情韵，则非苏词所及。"
（《中国文学史》）秦少游《淮海居士长短句》本身就是音乐文
艺的经典，再经过书画艺术的再创作，就拓展了艺术形式的空
间，具有了多元的欣赏价值。本书广泛搜集了历代书画名家、
学者、官员书写的秦少游诗词文墨宝，古代的有米芾、陈继儒、
陈鸿寿、王文治、陈廷焯等，近现代有梁启超、吴湖帆、张大千、
沈尹默、台静农、冯友兰、萧娴等，当代有汪曾祺、饶宗颐、沙孟
海、何海霞、陆俨少、顾廷龙、蒋维崧、康殷、徐培均、刘艺等，此

外还有当今高校著名教授茅家琦、程郁缀、丁帆等，他们的字体画风各异，但都以自己特有的艺术形式展现了秦少游的文字，达到了众美相集的艺术效果。这里不妨以董其昌书写的《满庭芳》为例。

少游词云："山抹微云，天黏衰草，画角声断谯门。暂停征棹，聊共引离樽。多少蓬莱旧事，空回首、烟霭纷纷。斜阳外，寒鸦万点，流水绕孤村。　销魂。当此际，香囊暗解，罗带轻分。谩赢得青楼、薄幸名存。此去何时见也？襟袖上、空惹啼痕。伤情处，高城望断，灯火已黄昏。"此词意境的感伤优美与声韵的

高邮文游台碑廊，董其昌手书秦少游《满庭芳》

和婉美妙结合得非常完美。可惜北宋的工尺谱失传了，不能恢复它原初的音乐状态。但书法可以有音乐的表现力，书法无声的线条与音乐的流动有异曲同工之妙。董其昌是晚明书画艺术的一代宗师，他书写的《满庭芳》法书，可以说大大抬高了秦少游的身价，秦词董字，洵称双璧。用心揣摩一下，我们发现董其昌书法线条的清丽柔美、墨色的浓淡、映带的虚实、布局的匀称合度，竟与少游词的意境绾合得天衣无缝，流美的书风与婉约的词境相得益彰，合之双美。没有董其昌的字之前，人们欣赏到的《满庭芳》是声情之美，有了董其昌的法书，《满庭芳》又获得了新的艺术形式，越发熠熠生辉！至今高邮文游台还悬挂着"山抹微云"的匾额，就是出自董其昌的手笔。

张大千人物画，依据
少游词《河传》

再看张大千根据秦少游的《河传》词意创作的国画。此画既充盈着传统国画的意态丰神，又糅合了近代西方绘画的素描技巧。

此画的右边配了秦少游的《河传》。词云："恨眉醉眼，甚轻轻觑著，神魂迷乱。常记那回，小曲阑干西畔。鬓云松,罗袜划。　　丁香笑吐娇无限,语软声低,道我何曾惯。云雨未谐,早被东风吹散。闷损人,天不管。"画的主体是一个相思的少女形象,她低着头,斜着肩,凝神而立,沉吟往事,她体态袅娜,鬓发如云,有些散乱,暗示出内心的迷惘。秦少游这首花间风味的小词配上画,越发风情旖旎。

《淮海清芬》中的书画印美不胜收,信手拈来,皆为佳构。不妨再看看当代名家的作品。周翼南的设色美人图依秦少游的《虞美人》词意,用笔细腻,思想开放,古典闺怨中不乏当代女性情思。

北大教授、全国秦少游研究会会长程郁缀先生书写的《人材篇》警句线条挺拔,气韵不凡。秦少游不独工于诗词,也是一个务实的政论家。《人材篇》是秦少游策论之一,文中提出的人才学思想至今仍不过时。程先生的墨宝可以让读者管中窥豹,认识多元面目的秦少游。《淮海清芬》中也有部分篆刻作品,戴春帆的篆刻颇引人注目,"纤云弄巧"古朴而富于巧思。

其次,本书具有较高的学术价值。首先值得一提的文献价值,主要体现在版本校勘上。如秦少游写于郴州的《踏莎行》,经苏轼题跋、米芾书写,被誉为"三绝",如今郴州的苏仙岭有"三绝碑"。碑刻的词与通行的《踏莎行》在文字上有差异,这样就为《踏莎行》提供了校勘的版本,读者可择善而从。

另外,这本书以感性、直观的方式向人们展现了秦少游在审美接受中不断经典化的历程。秦少游虽为北宋名家,但他

周翼南的画 程郁缀书法

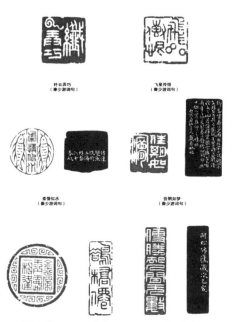

纤云弄巧
（秦少游词句）

飞星传恨
（秦少游词句）

柔情似水
（秦少游词句）

佳期如梦
（秦少游词句）

金风玉露一相逢
（秦少游词句）

鹊桥仙

便胜却人间无数
（秦少游词句）

戴春帆篆刻

米芾书《踏莎行·郴州旅舍》

的经典化不是一时形成的,而是穿越了古今。历代书画大家在艺术创作时不约而同地关注到秦少游,这本身就是对秦少游的偏爱,于是在时间的长河中连续不断地演绎秦少游的艺术情境,秦少游也就渐进地获得了经典化。当然,经典化是相对的,而不是绝对的,《淮海清芬》何尝不是对秦少游经典化的呈现呢?

再次,《淮海清芬》具有不俗的典藏价值。这一点其实不用我饶舌。此书格调高雅,书中搜集到的历代秦少游诗词书画篆刻不少皆为珍品,有的是第一次亮相,规格之高,阵容之强,价值之大,不言而喻。一杯绿茶,一册在手,不禁令人沉浸在少游诗词和书画艺术的意象世界中浮想联翩,他那"挥毫春在手,岸帻海生云"(《次韵答米元章》)的豪情胜概宛然如在目前。

附录二 《秦观传》：一个真实的秦少游

　　秦观，字少游，民间都亲切地称他秦少游，秦少游与苏小妹的故事广为流传，虽然是虚构的小说家言，但至少说明人们喜欢他。秦少游是什么人呢？很长时间以来，论者抑或文学青年大抵如此评价他：北宋风流才子，一代婉约词宗。这个定位自然不算错，少游确实以歌词风行天下，但并不全面，一有偏差，即非真实。那么真实的秦少游是什么样子呢？适如北大教授、全国秦少游学术研究会名誉会长程郁缀先生所说"一流才子，无双国士"，这一提法堪称一锤定音。风流才子与一流才子，一字之差其侧重点大有不同，前者是流连欢场、柔情缱绻的浪漫才人，后者则是经世致用、忧国忧民的文宗国士。长期以来刻意地渲染少游走马章台、狂荡不羁的风流艳事，遮蔽了他志在当世的忧患意识。清代王敬之《读秦太虚〈淮海集〉》就曾为他鸣不平："应举贤良对策年，儒生壮节早筹边。可怜馀技成真赏，山抹微云万口传。"

　　我们认为研究古人要知人论世。《孟子·万章下》云："颂其诗，读其书，不知其人，可乎？是以论其世也，是尚友也。"知人首先要把握作者的全人。所谓全人就是完整意义上的人，是立体的而不是单面的。任何创作都不是横空出世的，有其特定的历史语境。论世就是探究作者所处的社会状态和具体的时空。清人章学诚《文史通义·文德》说得好："不知古人之世，不可妄论古人文辞也。知其世矣，不知古人之身处，亦不可以遽论其文也。"

高邮文化学者许伟忠先生最近推出的《秦观传》（中华书局2020年版）就本着知人论世的精神为乡贤秦少游作传，所叙写的秦少游堪称是一个真实的人，即彰显了才子与国士的双重品格。在《秦观传》出版之前，伟忠先生对于秦观的研究已经取得了不俗的成绩，出版过《悲情歌手秦少游评传》（上海辞书出版社2010年版），对少游"婉约词宗"和"悲情歌手"这一角色作了较为深刻的阐发。但仅仅围绕淮海词把少游定位于"悲情歌手"，局度不免有些狭窄，因为少游不仅是北宋当红词人，诗文的成就亦不可低估，他是文备众体的文学家，亦是"博综史传，

许伟忠著《秦观传》封面

通晓佛书,讲集医药,明练法律"的学者,更是忧国忧民、经世致用的政论家。得失寸心知,伟忠先生也意识到这个问题了,在这之后持续不断地研读《淮海集》《淮海居士长短句》,在文本细读的基础上编注了《悦读秦少游》(中华书局 2019 年版)一书,这个选本对于普及少游文化有着重要的价值。对作者而言,更可贵的是对秦少游获得了全面的认识:一是"山抹微云秦学士",即词坛当红写手;二是洞达当世之务的无双国士;三是学识广博、多才多艺的复合型人才。

从理论上说,秦观的传记可以有多个不同的版本。但是许伟忠的这个版本却是独一无二的。我这样说绝非溢美。因为许伟忠为《秦观传》的写作所做的功课较之于其他作者是大不一样的。一句话,颇得江山之助。刘勰《文心雕龙·物色篇》说得好:"屈平所以能洞监风骚之情者,亦抑江山之助乎!"屈原的"风骚之情"和"香草美人"意象世界的建构得力于荆楚江山之助。后世不少大诗人都有江山之助的人生履历,如李白、杜甫、苏轼、黄庭坚等,秦少游亦是如此,他喜好漫游,其创作与行迹有着至为密切的关系,尤其是他人生后期的七年都在贬谪中度过的,不啻是一段较为漫长的文化苦旅。要真正读懂秦少游,走进秦少游的心灵深处,就得追寻他的足迹,也就是田野调查,行万里路。2015 年,许伟忠先生参与了中华秦氏宗亲联谊会"追寻先祖的足迹"工程,历时两年多时间遍及秦少游曾经留下雪泥鸿爪的四十多个城市,行程四万多公里,饱览了大量的风景名胜和文化遗迹,如杭州风篁岭龙井、丽水(处州)的莺花亭、郴州苏仙岭的"三绝碑"、广西容州的鬼门关天险，等等，在登山临水的旅程中获得了纸上领略不到的别材别趣，如此一来少游的文字就倏然具有了生命的活力和张力。因为"追寻先祖的足迹"，有了亲切的体验和历史语境的想象力，最终形成了《足迹：追寻秦少游》（苏州大学 2017 年版）一书，也是由伟忠先生执笔写成的。这部书对少游作品的解读突破了先前文字的静态认知而达到了心灵的烛照，此书还配有大量少游遗迹的插图，令人身临其境，发思古之幽情。

"追寻先祖的足迹"，在风雨江山中获得的感悟是弥足珍贵和无可取代的，这使《秦观传》这部书深契于历史的真实，充满了代入感。自然而然的，在谋篇布局上，此书以秦少游历时性的人生轨迹为主轴，从"慷慨不负年少时"到"西风吹泪古藤州"，将其生命历程、文学创作与科举仕途等线索打并在一起交错叙论。作者充分发挥自己实地考察少游诸多遗迹的优势，把少游遭际和相关作品与各地景观名胜糅合起来加以综观书写，令读者情不自禁地去想象、还原历史的细节，徜徉于少游的人生情境之中，仿佛穿越时光，与少游把臂入林，或风雨连床作一夕之谈。这便是田野调查，得江山之助的独特性，绝非单纯钻故纸堆所能同日而语。

秦少游是人不是神，他也有缺点，也还有不能免俗的地方。《秦观传》一书不虚美，不隐过，本着实事求是的态度。作者笔下的秦少游是日常生活化的，去除了光环和掩饰，凸显出一个有血有肉、有得有失的真人。比如秦少游第一、第二次科举落榜,对落榜原因的探究就是基于生活化的分析,作者以少游诗文为依据坦率指出少游应试期间根本不在状态,"缺乏自制,放松、放任、放纵自己",落榜委实不足为奇。书中也写到了少游投书干谒达官贵人鲜于诜、曾肇、王珪、吕公著等人,似乎很俗气,有损于他清高的秉性,其实不然,士子获得晋身之阶,一靠自身的才华,一靠大力者的揄扬提携,官场之惯例而已,少游靠文章实力引荐自己,无损于他的人品。

许伟忠先生在从事秦少游研究之前是一位知名的小说散文家,发表了不少优秀的作品,如中短篇小说集《流逝的子婴河》、中篇小说《乳娘》等。他具有较丰富的文学创作的想象力。文字锤炼的工夫亦颇为娴熟,这一点从每一章标题的用心琢磨就可以窥见一斑。《秦观传》不是纯然学院派的写作路子,而是把学术思辨、文献资料、文学叙事等融合在一起,因为有故事,有情境,辅之以清新畅达的文笔,足以引人入胜。一句话,《秦观传》的可读性使读者充满了期待,对于宣传少游文化善莫大焉!

跋

酝酿了好些年,想为喜爱秦少游的读者朋友写一本书,紧
赶慢赶终于写成了,心中有说不出的喜悦。我是高邮人,秦少游
是我的乡贤。虽然他相距我们九百余年,但我从来不觉得遥远。
心灵是可以穿越时光隧道而上接古人的。杜甫《咏怀古迹五首》
其二诗云:"摇落深知宋玉悲,风流儒雅亦吾师。怅望千秋一洒
泪,萧条异代不同时。"说的就是我这种感觉。在我的心里,秦
少游就是我的老师。我是从事古典文学研究的,研究好秦少游,
讲好少游故事,传承好少游文化,是我的使命和担当,也是家乡
人民给我布置的"作业"。

所谓习焉不察,熟知非真知。秦少游是一个什么样的人?
说老实话,今天的读者并不一定全然了解。文艺青年读了他的
词,以为他就是一个婉约派词人;读了他的诗,以为他就是写
"女郎诗"的诗人。其实这些都远不足以全面认识一个完整的、
立体的秦少游。秦少游是著名的文学家、政论家,是名士、才子、
国士的三位一体。

本书追求的目标是深入浅出,用读者朋友乐于阅读的方式

写成，力求雅俗共赏。有没有做到，我不敢说，如果做到了，就是最大的欣慰。

本书在写作过程中得到了诸多师友的帮助。感谢秦少游学术研究会名誉会长、北京大学教授程郁缀先生一直以来的勉励和支持。他对秦少游"一流才子，无双国士"的倡导堪称笃论，为本书的写作确定了基调。秦氏宗亲秦志伟，乡贤许伟忠、黄平先生等提供了诸多图片，使本书图文并茂，生色不少。责任编辑胡珍女史为本书付出了辛劳。这里一并谨致谢忱。